Martin Orack

Neiiiin nicht zu Mama

Band 2   Im Wechselmodell

© 2012 Martin Orack

Herstellung und Verlag:
BoD – Books on Demand, Norderstedt
ISBN 9783735741103

Martin Orack

Neiiiin nicht zu Mama

Band 2

Im Wechselmodell

Erste Woche nach dem Gerichtsentscheid.
Moritz ist zunächst noch beim Vater, das Wechselmodell beginnt erst am kommenden Sonntag.
Moritz ist beim Vater und bei den Großeltern jetzt meistens ohne Windel, es klappt bestens mit dem Töpfchen, er sagt es rechtzeitig oder läuft hin. Wir müssen nicht fragen oder ihn auffordern.
Im Urlaub mit seinem Vater ist der Wangenausschlag bei Moritz verschwunden, er bekommt die Salbe vom Vater deshalb nicht mehr aufgetragen.

Am Samstag kommt das Gerichtsprotokoll, beigelegt ein unerträglicher Brief von Moritz Verfahrensbeistands-Anwältin.
Das wurde bereits im Band 1 „Gerichtsentscheid und Jugendamt" ausführlich behandelt.

Die Schwester des Vaters bringt die beiden Cousinen von Moritz, alle drei Kinder schlafen bei den Großeltern.

Am nächsten Morgen, Sonntag, kommt der Vater dazu.
Moritz spielt (Abschied nehmend?) mit allem und allen.
Um 11 Uhr klingelt die Mutter (in Begleitung von Hans).
Moritz schlägt die Haustür wieder zu, fällt dem Vater um den Hals und weint bitterlich „nein, nein, nein". Die Mutter steht unnahbar, ungerührt und starr da, bückt sich nicht zu Moritz, spricht ihn nicht an.
Mit dem Versprechen „bei Mama ist es bestimmt sehr schön, ihr werdet viel Spaß haben" versucht der Vater, Moritz zu beruhigen und zieht ihn an. Dann stürmt Moritz zu Hans auf die Straße und tollt mit dem. Die Mutter steht ungerührt an der offenen Autotür, herrscht Moritz nur an als der hinfällt „steh auf und komm her". Dann fahren sie davon.

Nun ist Moritz eine Woche bei seiner Mutter, der Vater und der Großvater sind sehr traurig und vermissen ihn sofort.
Am Donnerstag kommt eine Mail von der Mutter an den Vater:
Sie war mit Moritz beim Arzt eigener Wahl (in W.?), der eine wirksame (bei unbekannter Ursache?) Salbe verschrieben habe. Damit hat sie ohne Rückfrage eine laufende Behandlung unterbrochen.
Es stellt sich die Frage, ob der Ausschlag in ihrer Umgebung wieder schlimmer geworden ist oder ob sie diesen Arztwechsel ohne Notwendigkeit gemacht hat.

Dritte Woche Wechselmodell
Am Sonntag holt der Großvater dann mit dem Vater Moritz um 11 Uhr bei der Mutter in W. ab. Sie hören die Stimme des Bruders der Mutter in der Wohnung. Angeblich weiß sie doch nicht, wo er wohnt, und habe keinen Kontakt!
Moritz Hautausschlag im Gesicht ist stark und pustelig. Kurzer Streit deshalb wegen der Unterbrechung der Behandlung durch die Mutter und gegen den Rat des ersten Hautarztes in B. und ohne Rücksprache!
Sie fahren zu den Großeltern, spielen auch außen.
Der Großvater bringt Moritz und den Vater nachmittags zu seiner Wohnung. Ohne Windel klappt nicht vollkommen.
Am Montag holt der Großvater den Vater und Moritz zu den Großeltern, bringt den Vater um 17 Uhr heim, Moritz übernachtet bei den Großeltern. Die Cousinen kommen auch.
Ohne Windel mit Töpfchen klappt wieder einwandfrei.
Am Dienstag spielt Moritz ausgelassen mit seinen Cousinen bis die um 16 Uhr heim fahren.

Der Vater arbeitet, kommt abends kurz vorbei und tobt mit Moritz. Moritz übernachtet bei den Großeltern.
Am Mittwoch ist die Wange hervorragend abgeheilt (ohne Salbe).

Es kommt eine aus Sicht des Großvaters niederschmetternde Antwort vom Anwalt zu meinem Kommentar zur Stellungnahme des Verfahrensbeistands:
das Gerichtsverfahren ist durch den Vergleich beendet.
Deshalb ist der in der Tat unsägliche Bericht der Verfahrenspflegschaft unerheblich.
Ich kann nur <u>dringend</u> empfehlen, bei den Verhandlungen beim Jugendamt sich für das Wechselmodell stark zu machen. Das ist das Optimum dessen, was man erreichen kann. Leider wurde nicht sofort ein Antrag auf Aufenthaltsbestimmungsrecht gestellt, der <u>zweifelsfrei</u> Erfolg gehabt hätte. Jetzt hat man monatelang das Unrecht toleriert, so dass auf Grund der tatsächlichen Gegebenheiten aus Unrecht Recht geworden ist.
Die Großeltern sind bei jedem Modell <u>völlig</u> außen vor. Ihnen steht nur ein Umgangsrecht zu, und auch nur dann, wenn es dem Kindeswohl dient. Hier bestenfalls 1 X Monat für 2 Std. Der Vater kann ja jederzeit die Großeltern besuchen.
Ich appelliere nochmals an Sie, das Wechselmodell mit wöchentlichem oder 2-wöchentlichem Wechsel zu praktizieren. Das kann man <u>nur</u> durch Vereinbarung hinbekommen, gerichtlich durchsetzbar ist das nicht. Bei einer gerichtlichen Entscheidung wird wohl herauskommen, dass die Mutter das ABR erhält und der Vater alle 14 Tage ein Umgangswochenende. Deshalb dringend die Mutter überreden, bei diesem Modell zu bleiben!!!

Mit dem Jugendamt werden weitere Termine vereinbart, einmal mit dem Jugendamtmitarbeiter mit Konzentration auf Lebens- und Umgebungsbedingungen des Kindes bei den Elternteilen und im Wechselmodell. Bereits der zweite vereinbarte Termin wird von der Mutter abgesagt.
Während beim ersten Termin auch die Jugendamtmitarbeiterin aus B.anwesend war, die der Mutter einseitig beistand, wird ab dem zweiten Termin das Gespräch nur mit dem Jugendamtmitarbeiter geführt, der der Mutter sehr kritisch gegenüberstand.
Weiter werden Termine mit einem Psychologen beim Jugendamt mit Konzentration auf das Training der Elternteile für einvernehmliche Regelungen und Absprachen. Drei Gespräche finden statt, der vierte wird vom Psychologen abgesagt, weil die Mutter keine Einigung anstrebt, sondern einen Gerichtsbeschluss.
Diese Aussage macht sie zum Abschluss des Termins, bei dem der Psychologe sie wegen Schlagen des Kindes scharf gerügt hat.
Beide Elternteile haben den Psychologen von seiner Schweigepflicht entbunden, er will aber trotzdem nur unverbindliche, allgemeine Aussagen in seinen Bericht schreiben.

Moritz ist jetzt 29 Monate alt, es klappt hervorragend ohne Windel und mit Töpfchen. Es gibt beim Vater und den Großeltern zu dem Thema keine Vorwürfe, kein Schimpfen, nur Helfen und Erklären und Begleitung zur Selbstständigkeit.
Abendliches Schlafengehen klappt mit Geschichte erzählen jeden Abend prima. Der Großvater erinnert sich, dass er das von Anfang an ruhiger und erfolgreicher konnte als die Mutter.

Moritz hat sich die Tage so wohl bei den Großeltern gefühlt, gezeigt wie lieb er sie hat und ausgelassen gespielt, er konnte sich im ganzen Haus begleitet frei bewegen und sich am Tagesgeschehen alters entsprechend beteiligen.
Den ganzen Samstag spielt und tobt Moritz mit den Patenkindern des Vaters. Abends ist Moritz erkältet, hat Schnupfen und 38,5 Fieber.
Die Übergabe am Sonntag soll gemäß Gerichtsbeschluss auch bei Krankheit erfolgen, außer bei ärztlich attestierter Transportunfähigkeit. Aber Moritz ist sowieso schon wieder topfit, zwar noch etwas verschnupft, hat aber kein Fieber mehr.
Die Mutter kommt um 11 Uhr zum Vater, es gibt von Moritz keine Übergabeabwehr, nur vorher intensives Murmeln „nicht Mama" bis zum Klingeln.

Fünfte Woche Wechselmodell
Großvater und Vater holen am Sonntag um 11 Uhr Moritz bei der Mutter ab. Der ehemalige Bewohner Hans ist anwesend.
Die Übergabe ist völlig emotionslos, Moritz redet gar nichts außer einem freundlichen „Papa", „Opa". Erst will er sich nicht anziehen, dann aber doch. Er wirkt eingeschüchtert.

Die ganze Familie, mit Cousinen, trifft sich bei den Großeltern. Moritz hat den ganzen Tag immer wieder gesagt (fast hypnotisch) „nicht Papas Wohnung". Aber abends ist alles in Ordnung und bestens, er stürmt die Treppe hoch in die Wohnung, fühlt sich gleich pudelwohl, spielt mit den Tieren und ist dann schnell eingeschlafen. Es sieht ganz so aus, als würde die Mutter dem Kind Angst vor Papas Wohnung einreden.

Der Vater ist mit Moritz wegen der Wange noch mal beim Hautarzt.
Er erfährt, dass die Mutter vor 7 Wochen doch auch noch dort war und sich furchtbar aufgeführt und aufgeregt hat, weil er vor dem Termin bereits dort war. Sie muss sich mehr als peinlich aufgeführt haben, weil es alle nach so langer Zeit noch wissen.

Moritz macht drei Tage lang mehrfach ein, sagt nicht Bescheid wie noch vor 8 Tagen. Dann ist es den Rest der Woche wieder bestens.

Am Mittwoch ist beim Jugendamt in W. das erste Gespräch der Eltern mit dem Psychologen. Die Mutter ist wohl sehr ungehalten, zornig, verwickelt sich in Widersprüche, stellt sich in Mittelpunkt „das Wohl des Kindes ist gegeben, wenn er bei mir ist und ich dann entscheide".

Moritz ist häufig gewalttätig, schlägt mit den Händen und Gegenständen zu. Wenn wir traurig reagieren, dann „entschuldigt" er sich mit liebevoller Umarmung. Warum schlägt er? Bei den Großeltern und beim Vater sieht und erlebt er das nicht.

Siebte Woche Wechselmodell
Großvater und Vater holen Moritz um 9 Uhr bei der Mutter in W. ab.
Moritz springt dem Vater jubelnd um den Hals und will gleich losmarschieren.
Auffälligkeiten:
das Mützenbändel ist weg, die Mutter merkt es erst in dem Moment. Entweder war Moritz die Woche nicht außen oder wurde von jemand anderen betreut, sonst hätte die Mutter es ja vorher bemerkt!

Als die Mutter Moritz am Kopf berührt, schreit er „nicht kneifen" und dann „nicht schragen".

Der Vater und der Großvater wissen, dass Moritz „r" für „l" sagt, also klar „nicht schlagen" meint. Die Mutter übersetzt eilfertig (falsch) „Papa tragen".

Der Vater muss heute anschließend arbeiten, Moritz ist bei den Großeltern.

Moritz ist teils sauber und trocken, halbe/halbe ins Töpfchen/Toilette oder in die Hose.

Moritz spielt im ganze Haus mit allem, was die Großeltern zulassen.

Moritz will am Montag Morgen die Windel zunächst nicht ausziehen und dann danach nackt bleiben (bis Mittag). Er läuft allein zum Töpfchen und macht seine Geschäfte, ohne etwas zu sagen. Mit Hose geht es manchmal schief, weil er es allein will, aber dann nicht kann. Er hat also für sich eine Lösung gefunden.

Er nimmt Holzstückchen und macht Zigarettenzüge damit, wenn die Terrassentür offen ist. Das muss er so bei der Mutter gesehen haben, die allerdings weder Balkon noch Terrasse hat, aber wohl am offenen Fenster raucht.

Der Großvater holt mit Moritz den Vater von der Arbeit ab und bringt beide heim.

Am Dienstag gehen Großeltern, Vater und Moritz zusammen Schlitten fahren.

Den Mittwoch verbringen Vater, Großvater und Moritz abwechselnd gemeinsam bei den Großeltern oder beim Vater.

Am Freitag haben die Eltern Paartherapie beim Jugendamt-Psychologen. Dort ist die Mutter so frech und schnippisch, dass der Psychologe hilflos zum Durchatmen raus geht. Sie wirft dem Vater vor, er sei schon mal eingenickt, wenn er Moritz betreuen sollte, daraufhin erwähnt der Vater ihre Erziehung mit Schlägen. Der Psychologe ist entsetzt „das geht gar nicht".

Sie schlägt vor, dass sie daheim bleibt und Moritz versorgt, der Vater arbeitet und Geld verdient. Der Psychologe verweist auf die Gesetzesänderung vor 3 Jahren, sie müsse für sich selbst sorgen. Sie meint, sie wolle ja selbst kein Geld, nur Unterhalt für Moritz, alles soll auf sie umgemeldet werden, sie bekommt das Kindergeld und der Vater Moritz alle zwei Wochen für 2 Tage. Der Vater sei arbeitsfaul, von wegen eigene Firma.

Zwei weitere Termine werden mit dem Psychologen vereinbart.

Am Samstag kommt Moritz um 17 Uhr zu den Großeltern. Seine Cousinen sind auch da. Der Vater ist zu einem Geburtstag eingeladen. Moritz und die Mädchen übernachten bei den Großeltern.

Am Sonntag um 11:10 kommt die Mutter mit Karl, auch einem ehemaligen gemeinsamen Bekannten. Moritz will nicht mit, „Mama soll arbeiten, bei Papa bleiben". Es dauert 20 Minuten, bis Moritz vom Vater überredet und angezogen werden kann, die Mutter steht wie eine Statue da, macht keinen Versuch, Moritz zu „übernehmen", sie befasst sich mit der Katze, Karl oder aus dem Fenster schauen, nach Dingen suchen, macht keinen Versuch sich zu Moritz zu bücken oder ihn auf den Arm zu nehmen. Sie will dann die Tasche nehmen und Moritz Karl überlassen! Ihre angebliche Sehnsucht nach dem Kind ist nicht erkennbar.

Neunte Woche Wechselmodell
Am Sonntag holt der Vater mit dem Großvater um 11 Uhr Moritz bei der Mutter in W. ab. Der ruft jubelnd

„Papa" als der klingelt, marschiert ohne Zögern fröhlich mit los, hat Kinderrolli für seine Sachen. Der Vater bittet die Mutter um Unterschrift „Abgabe Geschäftsführung der gemeinsamen Firma", die sie nach kurzem Zögern auch leistet.
Möglicherweise glaubt sie, damit alle Verpflichtungen los zu sein, wie Kontoräumung, Bruder nicht gekündigt, Steuern nicht bezahlt, Rechnungen nicht verschickt.

Moritz plaudert ununterbrochen.
Sie fahren tanken und dann zu den Großeltern zum Mittag essen.
Dann fahren alle zusammen zu einer Einrichtungsmesse, Moritz ist begeistert dort unterwegs.
Auf der Fahrt zur Wohnung des Vaters meint er zunächst wie jede Woche am ersten Tag „nicht zu … (Name der Katze)", das muss ihm eingetrichtert worden sein, denn wenn er dann ankommt, ist alles in Ordnung, herzliche Begrüßung mit dem Kater.
Von Montag auf Dienstag übernachtet Moritz bei den Großeltern. Wie immer die ersten zwei Tage schlägt und beißt er.
Vormittags ist er nicht sauber, sagt zu spät Bescheid. Ab Nachmittag ist er wieder sauber.
Am Dienstag gehen die Großeltern mit Moritz zum Stadtfest auf dem Marktplatz, mittags zum Umzug, er ist fasziniert von Pferden, der Stimmung, den Kostümen und Bonbons.
Moritz ist wieder dauerhaft trocken. Abends heim zum Vater.

Am Mittwoch ist wieder Psychologen-Termin beim Jugendamt W., die Mutter kommt nicht. Vater und Großvater fahren zum Einwohnermeldeamt W., der Vorgang der

Anmeldung von Moritz in B. hat sich kein bisschen bewegt, Der Vater unterschreibt einen Antrag, der mit der Post nicht bei ihm ankam. Möglicherweise wurde er an die Adresse der Mutter geschickt, was das Amt abstreitet.
Moritz übernachtet bei den Großeltern.
Am nächsten Morgen bringt der Großvater Moritz zum Vater. Moritz übernachtet wieder bei den Großeltern, weil der Vater die erste Nachthälfte arbeitet..
Am Freitag machen Großvater und Vater mit Moritz viele Besorgungen. Moritz ist tags und nachts beim Vater.
Moritz ruft täglich häufig bei den Großeltern an, es sind aber kurze „Gespräche". Er berichtet, was er gerade macht.

Am Sonntag gegen 10:30 geht der Großvater zum Vater und Moritz. Als die Mutter zum Abholen kommt, schreit und weint Moritz herzzerreißend, klammert am Vater und Großvater, schreit „nicht Mama, Papa nicht arbeiten, Mama schlagen, Oma fahren", der Großvater muss ihn fast mit Gewalt der Mutter auf den Arm geben, die mit dem schreienden Bündel dann zum Auto geht. Es ist grausam.
Aber das kümmert niemanden, das Jugendamt wird erst bei Lebensgefahr aktiv, das psychische Wohl des Kindes spielt anscheinend keine Rolle.

Zehnte Woche Wechselmodell
Moritz ist bei der Mutter. Sie ruft Dienstag beim Vater an, sie hätte eine Zusage für einen Kita-Platz in W., braucht dafür die Unterschrift des Vaters. Er stimmt nicht zu, denn das vertrage sich nicht mit dem Wechselmodell, dazu müssen beide Wohnorte betrachtet werden und B. sei durch den Hintergrund besser geeignet.

Am Mittwoch fordert die Anwältin der Mutter in einem Brief das Protokoll der Eigentümerversammlung der gemeinsamen Firma der Eltern an. Außerdem solle der Vater die Mutter nicht schlecht machen bei Auftraggebern, denn dadurch fände sie keine Arbeit, Unterlassungsklage wird angedroht.

Weiter teilt die Anwältin mit, dass die Jugendamt-Gespräche zu nichts führen, weil der Vater die Angebote der Mutter ablehne, eine Klage ums Aufenthaltsrecht wird angekündigt. Die Mutter wolle kein Unterhalt für sich, sondern nur Mindestunterhalt für Moritz.

Wenn sie sich über Rente/Altersversorgung absprechen, dann sei eine Scheidung innerhalb von sechs Wochen möglich.

Am gleichen Tag kommt eine Mail von der Mutter an den Vater: Der Vater solle doch zum Wohl des Kindes dem Kita in W. zustimmen.

Am Donnerstag nimmt der Vater Kontakt mit seinem Anwalt auf und versucht beim Jugendamt einen früheren Termin bei dem Mitarbeiter zu bekommen.

Der hat aber vorher keine Zeit, will sich aber Montag mit dem Psychologen besprechen. Der Anwalt des Vaters sagt Reaktion zu wegen Aufenthalt und Scheidungsverlangen und schickt einen Entwurf seiner Antwort:

Er greift darin die Anwältin der Mutter an wegen ihres Briefes an den Vater statt an ihn, das sei ein Regelverstoß!

Er übernimmt die Antwort auf die Verleumdung wegen Arbeitsfindung,

er plädiert weiter für gemeinsame Aufenthaltsbestimmung (Wechselmodell!), ersatzweise ABR für den Vater,

er weist Renteneinigung wegen Scheidung zurück (Trennungsjahr).

Am Freitag wird der Vater notariell als Geschäftsführer der Firma eingetragen.

Elfte Woche Wechselmodell
Am Sonntag holen Großvater und Vater um 11 Uhr Moritz bei der Mutter in W. ab. Der fällt dem Vater mehrmals um den Hals, begrüßt den Großvater ebenfalls fröhlich, will sich nur mit Winken von der Mutter verabschieden, marschiert ohne Zögern fröhlich los. Sie fahren zu den Großeltern, die Cousinen sind auch da, die drei Kinder spielen, auch mit dem Vater. Nach dem Essen fahren Vater und Moritz heim.
Am Mittwoch arbeitet der Vater, Moritz ist bei den Großeltern. Abends holt der Vater Moritz heim.

Am Donnerstag ist wieder Jugendamt-Psychologen-Termin. Nach Einschätzung und Schilderung des Vaters hat die Mutter wieder viele Minus-Punkte gesammelt. Sie wirft dem Vater vor, der hätte sie lächerlich und schlecht gemacht gegenüber Moritz, schon vor der Trennung (da war der im zweiten Lebensjahr!). Der Psychologe erklärt die Gespräche für beendet, weil die Mutter eine gerichtliche Entscheidung anstrebt.
Der Vater wirft zum Schluss dem Psychologen vor, es ginge dem Jugendamt eben nicht um das Wohl des Kindes, sondern nur darum, dass die Frau die Mutter ist. Der Psychologe meint, dass er dem Gericht sowieso und nur auf Anfrage ganz neutral mitteilen wird, das die Bemühungen um Einigung abgebrochen wurden. Das unterstellt nach Meinung des Vaters, dass beide zu gleichem Anteil abgebrochen hätten, dabei war nur die Mutter nicht an einer Einigung interessiert.

Es gibt einen Hinweis von der Mutter, dass wohl letzte Woche ihre Eltern da waren.
Moritz telefoniert ein paar mal mit dem Großvater, wie jeden Tag, wenn er beim Vater ist. Wenn er bei der Mutter ist, gibt es keine Kontakte zu den Großeltern.
Am Samstag holt der Großvater Vater und Moritz zu sich, sie essen, spielen auch draußen gemeinsam. Anschließend machen sie zusammen Besorgungen. Moritz ist erfolgreich den ganzen Tag ohne Windel.

Am Sonntag geht der Großvater zum Vater und Moritz. Der lässt sich lieb anziehen, klammert und weint aber zwischendurch plötzlich „nicht Mama fahren". Dann geht er mit vor die Tür und tobt mit dem BobbyCar um den Block. Die Mutter kommt mit Karl um 11:10. Sie und Moritz sind sich unglaublich fern. Moritz weint herzzerreißend, klammert an den Vater und Großvater im Wechsel, schreit „nicht Mama fahren, Papa nicht arbeiten, Oma fahren". Die Mutter steht ungerührt am Fleck, es kümmert sie nicht, als Moritz dann mit seinem Koffer Richtung Straße rennt, der Vater und Karl laufen hinterher. Dann geht Moritz ganz ruhig mit zum Auto und steigt ein.

Zwölfte Woche Wechselmodell
Moritz bei der Mutter.
Der Vater telefoniert mit dem Anwalt, der bestätigt, dass der Vater keine Post annehmen muss, die an die Adresse der Mutter geht und dass die Mutter die Arztrechnungen von Arztbesuchen von Moritz mit ihr bezahlen muss, sie muss die dann einreichen bei der Krankenkasse.
Der Großvater schreibt am Montag einen Brief an den Anwalt des Vaters zum Thema Bezugsperson-Großeltern
Sehr geehrter Herr …,

für den Fall, dass die Mutter jetzt gerichtlich das Aufenthaltsbestimmungsrecht für sich beantragt, möchte ich als Großvater von Moritz noch einmal ein paar Hinweise geben, aus denen sich ergibt, dass das Aufenthaltsbestimmungsrecht bevorzugt bei dem Vater liegen sollte und dazu auch noch einmal bei Ihnen dringlich mein Anliegen eines gewohnt umfangreichen Umgangs von Moritz mit seinen Großeltern väterlicherseits einbringen. Wir waren und sind wichtige und gewohnte Bezugspersonen für ihn und möchten ihm das weiterhin sein. Aus Moritz Verhalten seinen Großeltern gegenüber und auf Grund der vielen Zeit, die wir miteinander verbracht haben, ist eindeutig erkennbar, dass wir für ihn gleichwertige Bezugspersonen neben seinen Eltern sind. Eine Berücksichtigung wäre deshalb ganz wesentlich zum Wohl des Kindes.

Die Argumentation der Mutter, sie müsse halbtags arbeiten, also muss Moritz in die Kita, also muss er ganz zu ihr, ist so nicht nachvollziehbar oder ein Kreisschluss, solange Vater und Großeltern eine volle Betreuung sicherstellen können mit oder ohne Kita.

Zur Gleichbehandlung von Mutter und Vater stellt sich die Frage, wie der Fall denn wohl umgekehrt behandelt würde, wenn also
ein Kind sich sehr zur Mutter und mütterlichen Großmutter hingezogen fühlte, sich überwiegend bei ihnen aufgehalten hat, nicht gern zum Vater möchte, der aber mit Hinweis auf seine Berufstätigkeit das Kind bei sich in den Kita geben möchte und dafür Aufenthalt und Aufenthaltsbestimmungsrecht für sich beansprucht, obwohl Mutter und Großmutter bei sich die Betreuung sicherstellen könnten, würde dann dem Wunsch des Vaters stattgegeben? Sicher nicht!

Nach 10 Wochen Wechselmodell lässt sich beobachten, dass Moritz ganz offensichtlich ein häufigeres Zusammensein mit seinen Großeltern vermisst.
Aus meiner Sicht kann das aber nur sicher gestellt werden, wenn sich Moritz überwiegend in B. aufhält, also hier gegebenenfalls eine Kita besucht
und dazu das Aufenthaltsbestimmungsrecht eher dem Vater zugesprochen wird.
B. ist Moritz von Geburt an gewohnte Umgebung mit der bisher gemeinsamen Wohnung, den Großeltern und häufigen Kontakten zur Verwandtschaft, insbesondere den beiden Cousinen, und zu Nachbarn und Bekannten.
In B. können die Großeltern jederzeit das Bringen und Abholen zum/vom Kita problemlos übernehmen, falls der Vater beruflich zeitlich verhindert wäre.
Der Vater hatte dazu mehrfach angeboten, dass sich die Mutter und er auf ein Wechselmodell „werktags in B.", „am Wochenende bei der Mutter" einigen. Das hat die Mutter aber abgelehnt.
Aber weder bei diesem Vorschlag vom Vater noch beim jetzigen Wechselmodell sind Moritz Wünsche und Bedürfnisse seines Aufenthalts bei den Großeltern ausreichend berücksichtigt.
Im jetzigen Wechselmodell ist Moritz eine Woche ausschließlich bei der Mutter, es findet kein Kontakt mit den Großeltern statt. In der Woche beim Vater finden zwar häufige Kontakte mit den Großeltern statt, aber die Kontakte sind insgesamt bei weitem nicht in dem für Moritz gewohnten Umfang.
Moritz Ansprüche wären bestenfalls erfüllbar, wenn die Mutter in ihrer Betreuungswoche die Großeltern väterlicherseits auch einbeziehen würde. Das hat sie nach Einführung des Wechselmodells nicht mehr getan und das ist auch in Zukunft nicht zu erwarten.

Beim bisherigem Vorschlag des Vaters wäre Moritz jeweils zwei Tage pro Woche vollständig bei der Mutter, an den übrigen Tagen zur Hälfte im Kita. Damit lässt sich Moritz Bedarf an Umgang mit seinen Großeltern nicht erfüllen.

Da sich Moritz ab Geburt bis zur Vereinbarung des Wechselmodells fast zweieinhalb Jahre lang immerhin zu einem Drittel seiner Zeit bei den Großeltern aufgehalten hat, sollte das zum Wohl des Kindes mindestens wieder angestrebt werden. Dabei muss auch darauf hingewiesen werden, dass während des Aufenthalts bei den Eltern die Betreuung überwiegend durch den Vater erfolgte.

Erst nach der Trennung war Moritz einzelne oder mehrere Tage allein mit seiner Mutter, das war und ist für ihn ungewohnt. Die Mutter hat nach der Trennung zeitweise für Moritz fremde oder ungewohnte Personen in die Betreuung einbezogen, ohne auf den Vater oder die gewohnten Großeltern zurückzugreifen.

Entscheidende und einschneidende Veränderung durch das jetzige Wechselmodell ist für das Kind die jeweils einwöchige komplette Trennung von der gewohnten Umgebung und den Bezugspersonen in B. und der ausschließliche Umgang mit seiner Mutter durch einen von ihm nicht gewünschten, erzwungenen Aufenthalt in einer bisher ungewohnten und fremden Umgebung, die er vorher nur als Umgebung für kurze Besuche erlebt hat.

Moritz Lebensmittelpunkt ist offensichtlich trotzdem nach wie vor B..

Der Aufenthalt bei der Mutter stellt für ihn jeweils ein Verlassen seiner gewohnten Umgebung dar, eine Veränderung, die er nicht wünscht, zu der man ihn überreden muss.

Während die Übergabe an den Vater immer von Fröhlichkeit begleitet ist, ist die jeweilige Übergabe an die Mutter bei Moritz mit Abwehr und Weinen verbunden.
Allein um diesen Stress für das Kind zu verringern, sollte der Aufenthalt bei der Mutter kürzer und überschaubarer sein für Moritz.
Eine weitere Veränderung mit noch längerem Aufenthalt von Moritz bei der Mutter wäre ganz und gar nicht zum Wohl des Kindes. Nur in B. beim Vater und den Großeltern ist eine konstante Betreuung in gewohnter Umgebung gewährleistet.
Falls das vereinbarte jetzige Wechselmodell gerichtlich in Frage gestellt wird, sollte zum Wohle des Kindes angestrebt werden, dass alle Bezugspersonen besser einbezogen und damit eher die Bedürfnisse von Moritz erfüllt werden.
Am besten geeignet wäre dabei eine Aufenthaltsbestimmung durch den Vater mit einem Umgangsrecht für die Mutter, das die Kita-Zeiten für alle Bezugspersonen anrechnet.
Der Großvater befürchtet, dass die Unterstellungen und unbewiesenen Behauptungen durch einen Verfahrensbeistand wie im letzten Verfahren vom Gericht wieder nicht zurückgewiesen, sondern ungeprüft geglaubt und übernommen werden.

Am Mittwoch sagt der Jugendamt-Mitarbeiter den Termin für nächsten Dienstag ab, weil die Mutter nicht mehr teilnehmen will.

Dreizehnte Woche Wechselmodell
Am Sonntag holen Großvater und Vater Moritz um 11 Uhr bei der Mutter in W. ab. Sie lässt sie zunächst vor verschlossener Wohnungstür warten bis Moritz fertig an-

gezogen ist. Dann kommt er mit Rollköfferchen raus und marschiert direkt am Vater und Großvater vorbei die Treppe runter (nur weg??), keine Verabschiedung, keine Begrüßung, es scheint ganz normal für ihn, dass wir ihn abholen. Draußen rennt und hüpft er fröhlich Richtung Auto. Mittagessen bei den Großeltern, die Cousinen sind auch noch da. Nach dem Essen fährt der Großvater alle heim.

Am Montag machen Großvater, Vater und Moritz zusammen Einkäufe.
Von Dienstag auf Mittwoch übernachtet Moritz bei den Großeltern, weil der Vater arbeitet.
Moritz will jetzt immer „unten ohne" bleiben, bestenfalls nur Unterhose oder nur Jogginghose, um schneller allein aufs Töpfchen zu können.
Der Vater arbeitet die nächsten drei Tage die erste Nachthälfte, darum übernachtet Moritz bei den Großeltern, ist nur tagsüber beim Vater.
Am Samstag holt die Schwester des Vaters Moritz zu sich, er spielt mit seinen Cousinen. Abends holt ihn der Vater wieder ab.

Vierzehnte Woche Wechselmodell
Am Sonntag holt die Mutter (mit Karl) Moritz um 11:10 Uhr ab. Moritz wehrt sich vorher und sagt dann ständig „nicht zu Mama, Opa Auto fahren". Heute schreit, weint und klammert er nicht, begrüßt am Schluss(!), als er resigniert aufgegeben hat, die Mutter ganz lieb aber emotionslos, verabschiedet sich mit festen Umarmungen vom Vater und Großvater und geht dann ganz ruhig mit zum Auto. Der Vater und der Großvater sind sehr traurig. Die Versuche der Mutter ihn zu begeistern mit den Namen ihrer Katzen, ihres Bruders und Nennung von Milos fruch-

ten nicht („nicht Milos"). Der Vater erklärt dem Großvater, das Milos Lothars tschechischer Obdachlosenfreund ist, ein „Straßenräuber". Der Vater mag gar nicht an diesen Umgang für Moritz denken.
Der Vater weist die Mutter noch einmal darauf hin, dass Lothar immer noch bei ihm in B. angemeldet ist und der das ändern soll.

Die Mutter fragt am Dienstag beim Vater an, ob auch mal ein 14tägiger Rhythmus denkbar wäre wegen Arbeitsaufträgen. Das kommt dem sehr entgegen wegen einem dreiwöchigen Projekt im übernächsten Monat. Der Vater ist also einverstanden. Eigentlich wollte die Mutter zuerst den Vorwegausgleich, erst 14 Tage bei ihr, aber nun wird Moritz zunächst 14 Tage in B. sein, dafür in zwei Monaten 14 Tage bei der Mutter.

Fünfzehnte Woche Wechselmodell
Großvater und Vater holen Moritz um 11 Uhr bei die Mutter in W. ab. Moritz ruft gleich laut „Papa" beim Klingeln, rennt ins Treppenhaus, hüpft fröhlich und fällt dem Vater springend und liebkosend um den Hals, begrüßt auch den Großvater ganz lieb und ausgelassen. Dann nimmt er sein Rollköfferchen und marschiert direkt am Vater und Großvater vorbei die Treppe runter und zur Haustür raus (nur weg??), keine Verabschiedung, er lehnt das auch nach Aufforderung der Mutter ab, das Abholen scheint Normalität für ihn.
Nachmittags sind Vater, Großeltern und Moritz auf der einer Oldtimer-Messe, Moritz rennt und schaut, ist hell begeistert. Danach fahren alle zusammen zur Schwester des Vaters zum Grillen. Moritz spielt mit den Mädchen.
Am Montag nimmt der Großvater Moritz mit zum Reifenwechsel. Danach sind sie draußen mit dem Bobby-Car

unterwegs. Nachmittags im Garten spielen sie mit Sand, Wasser, Spielzeug, Seifenblasen.

Heute hat Moritz den Großvater viermal geschlagen für ein „nein", er hat dann gleich gestreichelt und „Opa lieb, nicht traurig" gefordert, er hat es trotzdem immer wieder getan. Einmal mittendrin im Spielen fällt er dem Großvater um den Hals „Opa habe Dich ganz lieb", was der genauso erwidert. Beim Schlafengehen ist der Großvater dann wegen der vierten Schlag-Aktion richtig sauer, lässt sich aber doch liebevoll umarmen und streichelt Moritz bis der einschläft.

Am Dienstag macht der Vater einige Renovierungen in der Wohnung, der Großvater spielt mit Moritz, später machen die drei noch Besorgungen.

Am Mittwoch nimmt der Großvater Moritz wieder mit zu einem Reifenwechsel, danach erledigen die zwei mit dem Vater noch ein paar Einkäufe. Moritz ist wie immer besonders begeistert vom Baumarkt.

Die Mutter ruft den Vater an, ob sie Moritz von Samstag 11 Uhr bis Montag 11 Uhr holen kann. Der Vater stimmt zu.

Die Mutter ruft am Freitag wieder an, ob Moritz am Montag doch schon früher als um 11 Uhr bei ihr abgeholt werden kann.

Der Großvater holt Moritz zu sich als nachmittags auch die Cousinen kommen. Die drei Kinder spielen zusammen und übernachten alle drei bei den Großeltern.

Am Samstag holt die Mutter (mit Karl) um 11 Uhr für zwei Tage Moritz beim Vater ab (das übliche Wehren, Weinen, Weigern). Die Mutter (und Karl) „trösten" Moritz mit „Du kommst ja nur kurz mit, in zwei Tagen bist Du wieder hier"!!!

Wie kann jemand so versuchen, sein Kind zum Mitkommen zu begeistern.

Der Vater setzt den klammernden Moritz in Karls Auto, die Mutter steht nur rum mit den Händen in den Hosentaschen und lacht.

Vater oder Großvater müssen ihn oft fast mit Gewalt der Mutter auf den Arm geben, die mit dem schreienden Bündel dann zum Auto geht. Es ist grausam. Aber es kümmert niemanden, das Jugendamt wird erst bei Lebensgefahr aktiv, das psychische Wohl des Kindes spielt anscheinend keine Rolle.

Sechzehnte Woche Wechselmodell
Am Montag holen Großvater und Vater um 8 Uhr Moritz bei der Mutter ab. Er ist todmüde und hat wieder eine sehr rote und pustelige rechte Wange.
Am Mittwoch spielt Moritz mit seinen Cousinen bei den Großeltern, alle drei übernachten dort.
Am Freitag kommen Vater und Moritz zu den Großeltern. Moritz sucht Ostersachen im Garten. Beide gehen 18 Uhr wieder heim zum Vater. Moritz telefoniert noch wie jeden Tag mit dem Großvater.
Am Samstag spielen und übernachten die drei Kinder wieder bei den Großeltern.

Siebzehnte Woche Wechselmodell
Am Sonntag früh bringt der Großvater Moritz zum Vater. Um 11 Uhr holt die Mutter(mit Karl) Moritz ab, er ist sehr ruhig und „vernünftig", macht keine Szenen, kein Geschrei, die Mutter glänzt wie immer durch Lieblosigkeit mit Sonnenbrille in der Wohnung und Händen in den Hosentaschen. Sie tröstet Moritz nicht, als er auf der Straße stürzt.

Achtzehnte Woche Wechselmodell
Am Sonntag holen Großvater und Vater Moritz um 11 Uhr bei der Mutter in W. ab. Moritz begrüßt sie fröhlich und marschiert ab, vergisst fast seinen Koffer, Küsschen für den Vater und dann noch für die Mutter nur nach Aufforderung der Mutter. Moritz ist ausgelassen und sehr aufgeweckt, macht Späße mit Vater und Großvater, „Auto suchen". Zeigt auf den Benz von Hans, der dort parkt, will reinschauen, ist offensichtlich die Tage damit gefahren. Moritz spielt bei den Großeltern mit den Cousinen.
Am Dienstag sind Moritz und sein Vater ein paar Stunden bei den Großeltern.
Fast täglich telefoniert Moritz mit dem Großvater.

Am Donnerstag ist der Großvater mittags zwei Stunden beim Vater und Moritz.
Den Großvater treibt die Frage um, ob eigentlich Psychologen bei ihren Gutachten die Sprachentwicklung von Kindern berücksichtigen. Sonst könnten gravierende Fehlbeurteilungen entstehen.
Beispiel: die Satzentwicklung.
1. Stufe Einwortsätze (Prädikat):
    laufen, trinken
2. Stufe Zweiwortsätze (Subjekt – Prädikat):
    Tim laufen, Opa trinken
3. Stufe Dreiwortsätze (Objekt – Subjekt – Prädikat):
    Garten Tim laufen (Tim läuft in den Garten)
    Saft Opa trinken (Opa trinkt den Saft)
Wenn nun das Kind sagt
„Tim Mama schlagen" und „Papa Tim schlagen", dann bedeutet das eben nicht, dass Papa den Tim schlägt oder Tim die Mama schlägt, sondern im Gegenteil, dass Mama den Tim schlägt und Tim den Papa schlägt.

Wenn dieser Stand der Sprachentwicklung also nicht bedacht wird, dann hat das schwere Fehlgutachten zur Folge. Da nützen auch Gesprächsprotokolle nichts, denn der Protokollant kann ja aufschreiben, was er denkt zu hören, nicht was er hört. Außerdem kann man die falsche Satzstellung nur aus dem Zusammenhang als Zuhörer begreifen oder erahnen.
Am Freitag sind Vater und Moritz nachmittags drei Stunden bei den Großeltern.
Am Samstag Nachmittag spielen Moritz und seine Cousinen ein paar Stunden miteinander, der Vater ist dabei. Abends gehen die beiden heim.

Neunzehnte Woche Wechselmodell
An diesem Sonntag ist der Großvater bei der Abholung nicht dabei, ein Bekannter des Vaters und eine gemeinsame Bekannte mit Tochter sind als „Zeugen" anwesend.
Der Vater berichtet am Telefon.
Es gab den normalen Kampf „nicht zu Mama", Mutter und Karl waren bewegungslose Säulen. Die Bekannte und ihre Tochter sagen danach spontan, dass sie die Mutter furchtbar finden und als böse empfinden.
Karl geht mit Moritz zum Auto. Die Mutter provoziert um „mein und dein" Handgreiflichkeiten an der Haustür mit lautem Rufen „schlag mich nicht", sie schubst den Vater ins Haus, der daraufhin mit sanftem Druck die Haustür schließt.
Da letztes Mal die Gesichtssalbe beim Vater vergessen wurde, meint die Mutter „ich habe halt irgendeine andere Salbe genommen, besser als keine". Der Vater widerspricht heftig, denn die Hautärztin hat ausdrücklich gesagt „keine Salbe ist am besten". Und das zeigt sich auch, denn nach dieser einen Woche ohne Eincremen ist Moritz Wange einwandfrei, keine Rötung, keine Pickel.

Moritz vergisst sein Kuscheltier (auch ein Indiz, dass er den Besuch bei der Mutter als kurz wünscht), der Vater schickt eine SMS, Karl holt nachmittags das Kuscheltier, diskutiert eine Stunde mit dem Vater über Einigung "Kita in W., weil dort die Mutter wohnt", was der Vater nicht akzeptiert. Karl meint, wenn Moritz so oft vom Opa redet, sei das der Beweis, dass er meistens nicht beim Vater, sondern beim Opa sei. Der Vater: „wenn er nie von der Mama redet ist es also ein Beweis, dass er nie bei der Mama ist?".

Karl gibt zu, dass aufs Töpfchen gehen bei denen nicht klappt, Moritz mache immer ein. Ist das auch durch den Stress bei der Mutter verursacht, den die Hautärztin vermutet hat?

Zwanzigste Woche Wechselmodell
Am Sonntag wollen Großvater und Vater um 11 Uhr Moritz bei der Mutter in W. abholen.
Da macht aber niemand auf. Nach kurzem Warten hört man Autotüren, dann Stimmen. Moritz rennt fröhlich rufend auf den Großvater zu, springt auf seinen Arm und knuddelt ihn. Dann wechselt er auf den Arm des Vaters und begrüßt ihn auch fröhlich. Die Mutter nimmt Moritz noch mit in die Wohnung und zieht ihn um (er ist bei dem 30-Grad-Wetter übrigens mit einem dicken Fleece-Pulli viel zu warm angezogen). Der Vater und die Mutter beginnen einen kleinkarierten Streit um Moritz Kleidung, denn die Mutter hat die leichte Hose umgetauscht in eine Jeans, denn Pulli und Hose würden ihr gehören!
Da die Sachen aber von der Schwester des Vaters sind, wird der zornig und lässt sich mit verheerender Außenwirkung in einen Streit verwickeln während die Mutter die Ruhige, Gefasste gibt. Ganz schlecht bei Zeugen

(Karl, Nachbarn). Moritz blendet das weg, unterhält sich mit dem Großvater und geht mit ihm schon zum Auto.
Dann kommt der Vater nach. Der Großvater bringt die beiden heim.
Am Dienstag ist der Vater mit Moritz bei Bekannten mit Kindern.
Am Mittwoch ist der Großvater zwei Stunden bei den beiden, spielt mit Moritz während der Vater im Büro arbeitet.
Am Donnerstag hat der Vater nachmittags mehrere geschäftliche Besprechungen, Moritz ist bei den Großeltern. Geht wie immer selbstständig und erfolgreich aufs Töpfchen. Der Vater kommt dann auch vorbei und geht abends wieder heim. Der Vater trennt sich dabei schwer von Moritz, gönnt ihm aber die Übernachtung bei den Großeltern.
Am Freitag fragt die Mutter per SMS an, ob sie (ohne Begründung) Moritz am Sonntag schon um 10 Uhr abholen kann. Der Vater hat schon eine Frühstücksverabredung mit Bekannten mit Kind und will deshalb nicht ohne triftigen Grund zustimmen, möchte abwägen. Die Mutter meldet sich dazu nicht wieder.
Sie meldet sich später per Telefon, ob sie Ende Mai statt 14 Tage drei Wochen Moritz haben könnte, weil sie sonst aus dem Tritt komme mit ihrem vierzehntägigen Arbeitsvertrag. In der mittleren Woche muss sie dann zwar arbeiten, aber dann seien ihre Eltern da. Denen will der Vater Moritz natürlich nicht vorenthalten. Der Großvater empfiehlt ihm zuzustimmen, allerdings mit zwei zweitägigen Unterbrechungen wie damals umgekehrt.
Am Samstag sind die Großeltern den ganzen Tag beim Vater und Moritz, helfen beim Büroausbau und betreuen Moritz.

Einundzwanzigste Woche Wechselmodell
Der Großvater ist bei der Übergabe an diesem Sonntag nicht dabei, eine Bekannte des Vaters mit ihrer Tochter sind zum Frühstück da. Moritz hat sich wohl nur mit Worten gewehrt wie „nicht zu Mama" oder Verweigern der Kleidung, die er beim Herbringen an hatte. Sein gesamtes Verhalten hat die Bekannte als „tapfer" bezeichnet. Das beschreibt es sehr gut.
Im Laufe der Woche vereinbart der Vater mit der Mutter, dass der Großvater Moritz am nächsten Sonntag allein abholt, weil er noch bis mittags arbeitet.

Zweiundzwanzigste Woche Wechselmodell
Am Sonntag holt der Großvater Moritz wie verabredet allein um 11 Uhr von der Mutter ab, weil der Vater bis mittags arbeitet. Jubelnde Begrüßung durch Moritz , die beiden holen den Vater von der Arbeit ab.
Die Anwältin der Mutter stellt einen Antrag auf Verhandlung über ein alleiniges Aufenthaltsbestimmungsrecht mit folgenden Argumenten (*kursiv*), dazu Kommentare des Großvaters:
In der ersten Zeit der Trennung lebte das Kind bei der Antragstellerin.
Das ist falsch, das Kind war bestenfalls die Hälfte der Zeit bei der Mutter

In den Gesprächen beim Jugendamt konnten sich die Eltern auf einen dauerhaften Wohnort des Kindes nicht einigen.
Die Antragstellerin ist der Auffassung, dass ein dauerhafter Aufenthalt des Kindes bei ihr dem Kindeswohl am besten entspricht
Das ist ohne weitere Begründung nicht nachvollziehbar, gilt mindestens genauso für den Vater, der zudem Moritz

in den ersten beiden Lebensjahren überwiegend betreut hat und der weiterhin in der gewohnten Umgebung wohnt, dem Lebensmittelpunkt von Moritz mit weiteren Bezugspersonen.

Die Antragstellerin gibt an, dass wegen starker Berufstätigkeit des Kindesvaters sich in den Aufenthaltszeiten des Kindes bei ihm zu 80% der Großvater um das Kind kümmert.
Das ist falsch, kann wegen der vielen zeitintensiven Hobbys der Großeltern auch gar nicht möglich sein. Moritz hat sich im Mittel einen Tag je Aufenthaltswoche in B. bei den Großeltern aufgehalten.

Die Antragstellerin wäre dagegen bereit, vollständig auf eine Berufstätigkeit zu verzichten und sich Vollzeit um das Kind zu kümmern. Sobald ein Hortplatz in ihrer Umgebung gefunden wäre, würde sie sich um eine Teilzeitberufstätigkeit bemühen.
Da vor der Trennung hälftige Erwerbsarbeit und hälftige Betreuung vereinbart war, kann es nicht sein, dass ein Elternteil ohne einvernehmliche Absprache die Erwerbsarbeit aufgibt, das müsste dann ja auch dem anderen Elternteil zugestanden werden.

Auch der Verfahrensbeistand hat im ersten Verfahren den Aufenthalt des Kindes bei der Mutter empfohlen, weil der Vater kein schlüssiges und kindeswohlförderliches Erziehungs- und Betreuungskonzept vorgelegt hat und die Kindesmutter in der ersten Phase der Trennung das Kind allein versorgt und betreut hat.
Aufgrund dessen ist die Antragstellerin der Auffassung, dass es dem Wohl und dem Willen des Kindes am besten

entspricht, wenn es dauerhaft bei der Antragstellerin lebt und durch diese betreut und erzogen wird.
Der Verfahrensbeistand hat ohne Anhörung der Eltern und ohne Teilnahme bei der Verhandlung aus unvollständiger Aktenlage ein Standardgutachten abgegeben, dass diesem Fall nicht gerecht wird und voller Fehler und Unwahrheiten ist. Es wurde dem Kindesvater zugesichert, auch vom Verfahrensbeistand, dass dieses „Gutachten" des ersten Verfahrens für das weitere Vorgehen keine Rolle mehr spielt. Deshalb wurde kein Widerspruch eingelegt.
Auch nach der Trennung wurde Moritz die Hälfte der Zeit vom Vater mit Unterstützung der Großeltern betreut. Es wird nicht begründet, warum der Aufenthalt bei der Mutter besser für das Wohl des Kindes ist.

Ein Geschäftspartner des Vaters, der auch Kontakt mit der Mutter hat, erzählt dem Vater, dass die Mutter und ihr Bruder Lothar sich entzweit hätten. Lothar wohnt nun nicht mehr im gleichen Haus, sondern bei seinem Arbeitgeber. Lothar habe das Sparschwein geschlachtet. Der Geschäftspartner meint am Telefon erkannt zu haben, dass Lothar voll gedröhnt war. Der Vater ist froh, dass Lothar und Milos weg sind.
Am Freitag übernachten Moritz und seine beiden Cousinen bei den Großeltern.
Den ganzen Samstag sind der Vater, Moritz und die Großeltern gemeinsam unterwegs.

Dreiundzwanzigste Woche Wechselmodell
Die Mutter ruft den Vater an, die drei Wochen sollen erst am übernächsten Dienstag beginnen, sie will 7 Tage mit Moritz nach Tschechien, anschließend kommen ihre Eltern her.

Als ersten Ausgleich für die geplanten drei Wochen bei der Mutter bleibt Moritz bis Montag Nachmittag. Die Mutter und Karl holen um 17 Uhr Moritz ab, er wehrt und weigert sich wie immer, bringt viele Gründe vor, geht dann aber schließlich brav und tapfer mit.
Der Vater bekommt ein Schreiben vom Verfahrensbeistand, formal und unpersönlich, zur Befragung in ihrer Kanzlei in W. wegen Moritz „zur Begutachtung von Moritz Umgebung". Das ist eine sehr gedankenlose (oder unfähige) Formulierung, denn wie soll seine „Umgebung" mit einem Gespräch in ihrer Kanzlei begutachtet werden? Diese Anwältin ist aber diese und nächste Woche nicht erreichbar, der Vater vereinbart mit ihrem Büro ein Gespräch in dreieinhalb Wochen.

Der Anwalt des Vaters widerspricht dem Antrag der Gegenseite.
Der Antrag der Antragstellerin sei zurückzuweisen,
hilfsweise unter Zurückweisung des Antrags der Antragstellerin sei die elterliche Sorge auf den Kindesvater zu übertragen.
Das Kindeswohl wird dadurch am besten gefördert, wenn die elterliche Sorge bei beiden Elternteilen bleibt und es nach wie vor bei der im Vorverfahren gefundenen Lösung mit dem Wechselmodell verbleibt. Hierbei darf nicht unberücksichtigt bleiben, dass die Kindesmutter die vereinbarten Gespräche mit dem Psychologen beim Jugendamt Feuerbach grundlos und ohne Erklärung verlassen hat. Die Mutter muss sich daran erinnern lassen, dass sie Verantwortung für ihr Kind trägt und dass ein Kind am besten wächst und gedeiht, wenn es von Vater und Mutter gemeinsam aufgezogen und erzogen wird. Da die Eltern nicht mehr zusammenwohnen, kann dieses nur dadurch

vermittelt werden, wenn das Kind bei beiden Elternteilen gleichmäßig lange Zeit lebt.
Die Mutter hat auch keinerlei Gründe dafür angegeben, warum sie die Gespräche bei dem Psychologen nicht mehr wahrgenommen hat. Es geht nicht an, einem Elternteil alleine das Aufenthaltsbestimmungsrecht dadurch zu sichern, dass er – aussichtsreiche – Vermittlungsgespräche bei einem vom Jugendamt bestellten Psychologen grundlos verlässt. Die Mutter handelte dadurch Kindeswohl schädigend.

Das Gericht muss folgende Kriterien prüfen:
Förderprinzip, Kontinuitätsprinzip, Kindeswille, Bindungen des Kindes, Nestprinzip.
Wendet man diese Kriterien an, so kann man nur dazu kommen, die elterliche Sorge auf den Kindesvater zu übertragen.

1. Zum Förderprinzip
Zunächst ist hier zu berücksichtigen, dass die Mutter das Kind ohne jede Vorwarnung und ohne Absprache mit dem Vater aus dem gemeinsamen Haushalt entfernt und mehrere Monate den Kontakt zwischen Vater und Kind behindert hat. Schon daran kann man einen Mangel an Eignung der Mutter für die Erziehungsaufgabe erkennen. Eine verantwortungsbewusste Mutter, die ihre Erziehungsaufgabe ernst nimmt, hätte niemals zugelassen, dass das Kind so ohne weiteres aus seiner vertrauten Umgebung herausgerissen und in eine völlig ungesicherte Wohnsituation verbracht wird. Die Mutter ist gezwungen, das Kind in eine Fremdbetreuung zu geben, wenn sie ihrer Erwerbstätigkeit nachgeht. Das ist bei dem Kindesvater nicht der Fall, es ist vielmehr so, dass der Kindesvater die Großeltern von Moritz einsetzen kann, wenn er beruflich sich nicht um den Jungen selbst kümmern kann. Das wäre für den Jungen auch nichts Neues, es bliebe

vielmehr alles beim Alten, weil die Großeltern schon zur Zeit des Zusammenlebens der Eltern sehr oft Moritz versorgt haben. Bei der Mutter wäre Moritz gesundheitlichen Gefahren ausgesetzt, da sie sogar in der Wohnung in erheblichem Maße raucht. Passivrauchen schädigt bekanntermaßen die Gesundheit.

2. Zum Kontinuitätsprinzip
Die Einheitlichkeit, Gleichmäßigkeit und Stabilität der Erziehungsverhältnisse sind beim Kindesvater eher gewährleistet als bei der Mutter. Wenn Moritz beim Vater lebt, so würde sich für ihn nichts zu den Verhältnissen ändern, die er seit Geburt an gewohnt ist.

Dabei ist zu berücksichtigen, dass der Vater mehr Zeit hat für das Kind, dass seine Zeiteinteilung sehr flexibel ist, und dass er durch seine bessere Arbeitssituation finanzielle Unabhängigkeit hat. Moritz würde in der ihm vertrauten Umgebung mit den ihm vertrauten Personen, nämlich dem Vater und den Großeltern sowie den Verwandten und Freunden wohnen.

3. Kindeswille
Der Kindesvater meint, dass Moritz selbst eher bei ihm bleiben möchte, weil das seine vertraute Umgebung darstellt. Die Mutter ist der Ansicht, Gewalt in der Erziehung von Kindern sei tolerabel. Das hat sie in den Gesprächen mit dem Psychologen vom Jugendamt zum Ausdruck gebracht. Der Wille des Kindes kann für den Vater daran abgelesen werden, dass Moritz stets freudig von der Mutter zu ihm wechselt, die Übergabe vom Vater an die Mutter ist seitens Moritz mit Abwehr und Weinen verbunden. Das ist ein Zeichen dafür, dass für das Kind der Lebensmittelpunkt das väterliche Haus in Leonberg nach wie vor ist.

4. Bindung zu den Eltern
Die Bindungen des Kindes zum Vater sind enger als die

zur Mutter. Das ergibt sich schon daraus, dass der Vater eine zwölfmonatige Elternzeit genommen hat, während derer er sich praktisch alleine um Moritz gekümmert hat. Er hat den engeren Bezug zu Kindern, die größere Geduld und Ruhe mit Kindern sowie die strikte Ablehnung von Gewalt als Erziehungsmaßnahme. Dass die Mutter Schläge (verharmlosend Klapse genannt) als Mittel der Erziehung befürwortet, wurde mit ihr beim Psychologen herausgearbeitet, von ihr zugegeben.

5. Nestprinzip
Besonders ist hier anzuführen der Freundes – und Verwandtenkreis des Vaters, in den Moritz faktisch seit seiner Geburt eingebunden war, also außer zu den Großeltern auch zu Onkel und Tante, zu seinen Cousinen und den zwei Patenkindern des Kindesvaters. Der Vater war stets ein Familienmensch, während die Mutter stets Familie und Kinder hasste und sich davon abgrenzte. Die Großeltern von Moritz wohnen in unmittelbarer Nähe, er ist mit ihnen sehr vertraut, da sie ihn in der Vergangenheit oft betreut haben, besonders wenn die Mutter keine Lust dazu hatte.

Der Aufenthalt des Kindes beim Vater wird örtlich stabil sein, weil er Wohneigentum besitzt und keine Gefahr besteht, dass er umzieht. In der kurzen Zeit seit der Trennung ist die Mutter schon mehrfach umgezogen, eine Kontinuität in der Umgebung kann nicht festgestellt werden. Es besteht auch die Gefahr, dass die Mutter weiterhin umzieht, genauso wie sie in der Zeit vor der Eheschließung mit dem Antragsgegner häufig, etwa alle ein bis zwei Jahre, umgezogen ist.

Zu dem Bericht der Verfahrensbeiständin im Vorverfahren, auf den die Antragstellerin Bezug nimmt, soll hier nicht eingegangen werden, da er schon im Vorverfahren unbrauchbar war und für dieses Verfahren nicht zu ak-

zeptieren ist. Die Verfahrensbeiständin hat damals einen der gröbsten Fehler begangen, die ein Verfahrensbeistand überhaupt begehen kann, sie hat nicht mit beiden Elternteilen gesprochen. Ihre Informationen hat sie einseitig von Seiten der Mutter bezogen, deshalb kommt sie auch sowohl zu falschen Tatsachenbehauptungen als auch zu falschen Schlussfolgerungen.

Wenn von der Verfahrensbeiständin unterschwellig der Vorwurf gemacht wird, der Vater habe das Aufenthaltsbestimmungsrecht und den Umgang nicht gerichtlich regeln lassen, so kann dieses nur als Kurzschluss in der Stellungnahme und in der Gedankenführung bezeichnet werden. Es ist gerade ein Zeichen besonderer Bindungstoleranz des Kindesvaters, dass er auch in schwieriger Situation darauf gebaut hat, sich mit seiner Frau über den Aufenthalt von Moritz und über die Kontakte zum jeweils anderen Elternteil ohne Inanspruchnahme des Gerichtes einigen zu können. Er hat immer Wert darauf gelegt, und legt auch jetzt Wert darauf, festzustellen, dass Mutter und Vater Eltern dieses Kindes sind und sie selbst bestimmen müssen, was mit ihrem Kind geschieht. Dazu sind natürlich Gespräche erforderlich, die leider von der Mutter ohne Angabe von Gründen abgebrochen wurden. Wir sind im deutschen Familienrecht schon lange darüber hinaus, dass die bloße Verweigerungshaltung der Mutter ihr das Kind sichert. Die Verweigerung der Mutter muss als Bindungsintoleranz zum Vater negativ in Bezug auf das Sorgerecht der Mutter zu Buche schlagen.

Es wird davon ausgegangen, dass die Verfahrensbeiständin mit beiden Elternteilen und dem Kind Gespräche führt. Ihre Aufgabe ist es, die Eltern zu ihrer elterlichen Verantwortung zurückzuführen.

Als "Anwältin des Kindes" mit Einigungsauftrag dürfte das angesichts der bisherigen Verweigerungshaltung der

Mutter keine leichte Aufgabe sein, aber man muss sicherlich beim Scheitern solcher Gespräche seitens der Verfahrensbeiständin feststellen, an wem die Einigung gescheitert ist.
Falls das Gericht beabsichtigen sollte, einen psychologischen Sachverständigen einzuschalten, wird schon jetzt darum gebeten, einen lösungsorientiert arbeitenden Sachverständigen zu bestellen, und diesen mit dem Vermittlungsauftrag gemäß § 163 Abs. 2 FamFG zu betrauen.

Vierundzwanzigste Woche Wechselmodell
Am Sonntag holen der Großvater und der Vater um 11 Uhr Moritz bei der Mutter ab. Karl reicht Moritz durchs Badfenster, die Mutter den Koffer hinterher. Es soll spontan wirken, sieht aber wie Absicht aus. Die Mutter macht die Bemerkung „im Koffer ist Firmenpost". Durch diese Aktion hat der Vater keine Chance, die Annahme zu verweigern. Moritz marschiert sofort fröhlich mit seinem Koffer zu Opas Auto.
Der Vater stellt fest, dass die Briefe nicht alle geöffnet sind, an die Geschäftsführung (also die Mutter) gerichtet sind, teilweise über Nachsendeantrag an ihre neue Adresse nachgeschickt wurden, und es alles Rechnungen und Mahnungen aus den Monaten direkt nach der Trennung sind, für die schon in mehreren Fällen der Gerichtsvollzieher vor der Tür des Vaters stand. Eine unverschämte Aktion, damals wie heute.
Bei den Großeltern spielt und tobt Moritz mit seinen Cousinen. Die drei Kinder übernachten bei den Großeltern.
Am Mittwoch besuchen die Cousinen nachmittags mit ihrer Mutter Moritz bei seinem Vater.

Der Anwalt des Vaters schickt seine Stellungnahme zur Gerichtsanrufung der Mutter. Vater und Großvater sind mit der Formulierung sehr zufrieden.
Am Donnerstag baut der Vater mit Moritz dessen größeres Kinderbett zusammen.
Am Freitag und Samstag spielen Moritz und seine Cousinen wieder viel miteinander.

Fünfundzwanzigste Woche Wechselmodell
Am Sonntag treffen sich Großeltern, Vater, Moritz, seine Cousinen, seine Tante und sein Onkel zu einer Dampfzugfahrt.
Am Montag und Dienstag unternehmen Großvater und Vater mit Moritz sehr viel, Einkaufen, Spielen mit den unterschiedlichsten Dingen, draußen toben, gemeinsam kochen.
Dann wird Moritz kurz nach 17 Uhr von der Mutter und Karl abgeholt. Moritz ist gar nicht fröhlich und versucht es mit Weglaufen rauszuzögern, aber begibt sich dann doch ruhig in sein Schicksal. Der Vater hat ihm das Mitfahren mit dem Urlaub mit der Mutter (eine Woche Tschechien) schmackhaft gemacht. Die Mutter und Karl stehen wieder rum wie die Ölgötzen. In einem Nebensatz teilt die Mutter dem Vater mit, dass es morgen in drei Wochen um 15:30 einen Termin beim DKSB (!!!) gibt. Sie lässt sich alles aus der Nase ziehen: Namen, Anlass, wer hat veranlasst, bei einer Frau P., eine Anschrift weiß sie angeblich nicht, da solle er sich durchfragen. Der Jugendamt Mitarbeiter aus W. sei dabei.
Der Vater ist verwundert, dass er nicht in die Terminplanung einbezogen und nicht direkt eingeladen wurde. Er erinnert die Mutter an die Überlassung von Moritz für zwei Tage in 14 Tagen wegen des durch sie verursachten Termins beim Verfahrensbeistand.

Sie sagt halbherzig zu, mit Moritz aus Tschechien jeden zweiten Tag anzurufen („wenn ich es nicht vergesse"), eine bevorzugte Tageszeit lehnt sie ab („wenn mir danach ist").
Den Rest dieser Woche und sechsundzwanzigste Woche Wechselmodell
Moritz ist bei der Mutter, Urlaub in Tschechien?
Nach zwei Tagen ruft die Mutter mit Moritz aus Tschechien an. Moritz weint bitterlich im Hintergrund und auch am Hörer (spricht zweimal mit seinem Vater) „ich will wieder zu Papa". Der tröstet ihn damit, dass es doch bestimmt schön ist bei den anderen Großeltern und er dort vieles machen kann. Die Mutter tröstet(!) Moritz damit, dass er schon bald wieder zu Papa darf, wenn sie zurückgefahren sind!!
Der Vater ist traurig und aber auch ein wenig schadenfroh.
Im Grunde hat Moritz niemanden, der sich wirklich um ihn kümmert, ihn mitnimmt und mitmachen lässt im Alltag, der mit ihm rausgeht. Plötzlich erinnert er sich, dass die vielen tollen Dinge, die Moritz in Tschechien damals draußen gemacht hat, er alle mit ihm gemacht hat. Weder die Eltern der Mutter noch sie selbst haben sich um den Kleinen gekümmert, die Großmutter höchstens mal zwei Stunden am Tag. Und diesmal will die Mutter in erster Linie mit Karl Urlaub machen, es ist Regenwetter und in der vollgestopften Wohnung kann sich dort kein Kinde wohlfühlen.
Der Vater muss in der Woche der angekündigten Mediation beim DKSB arbeiten, will den Termin verschieben und die Betreuungswoche mit der Mutter tauschen. Wie das wohl ausgeht? Bisher hat er beim DKSB und beim Jugendamt niemanden erreicht.

Der Anwalt des Vaters rät ihm dringend davon ab, die von der Mutter vorgeschlagene Mediation beim Kinderschutzverein(?) wahrzunehmen, jetzt im laufenden Verfahren sollte der Vater nur mit dem Verfahrensbeistand sprechen, mit niemandem sonst, schon gar kein gemeinsames Gespräch!!
Am Ende der Woche ruft die Mutter mit Moritz wieder beim Vater an. Wieder weint Moritz am Telefon und im Hintergrund „jetzt wieder zu Papa". Der empfindet Moritz Sprache als wieder rückfällig schlecht. Die Mutter kündigt an, dass sie morgen wieder zurückfahren. Ihre Eltern fahren gleichzeitig auch nach Deutschland. Es würde also keine Anrufe mehr geben. Wir rätseln, was das ganze sollte. Sollte Moritz mit den Großeltern morgen fahren und die Mutter und Karl wollten dort noch alleine Urlaub machen, aber ihre Eltern sind dagegen? Oder sind sie alle genervt von Moritz? Oder bleiben die Mutter und Karl doch noch dort. Dann kann es natürlich keinen Anruf geben, wenn Moritz und seine Mutter an verschiedenen Orten sind. Oder will sie nur nicht mehr anrufen wegen Moritz Weinen und es kommen doch alle erst am Dienstag?
Am Mittwoch ruft die Mutter den Vater an, sie besprechen miteinander den Aufenthalt von Moritz für die nächsten drei Wochen. Dabei macht es den Eindruck, dass sie keineswegs Arbeit hat, sie kann den Aufenthaltswechsel beliebig einteilen. Ihr scheint es nur darum zu gehen, formal möglichst so viele Tage mit Moritz zu haben wie der Vater. Sie hat offenbar kein Problem, die dritte Woche wieder mit dem Vater zu tauschen, der da einen fünftägigen Arbeitstermin hat. Sie stimmt zu, dass der Vater Moritz am Sonntag abends 19:30 (!) holen kann und er bis Donnerstag Abend bleibt wegen des Termins des Vaters am Dienstag beim Verfahrensbeistand.

Danach ist Moritz wieder 9 Tage bei ihr, wir können ihn am Samstag in 14 Tagen holen, weil wir an dem Samstag zusammen etwas vorhaben.

Siebenundzwanzigste Woche Wechselmodell
Vater und Großvater holen am Sonntag um 19:30 Moritz von der Mutter ab. Moritz rennt jubelnd zu seinem Vater „habe Dich so vermisst" und umarmt ihn heftig und marschiert mit seinem Koffer los (nur weg!), er wartet wie immer nicht ab, was die Eltern miteinander noch bereden.

Am Montag kaufen Großvater, Vater und Merlin vormittags gemeinsam ein.
Heißer Sommertag über 30 Grad. Moritz ist auf der Terrasse beim Vater und im Garten der Großeltern nackt.
Am Dienstag bereitet sich der Großvater auf den Mittags-Termin mit dem Verfahrensbeistand vor. Zwei Stunden vorher kommt über den Anwalt des Vaters die Absage des Termins, die Anwältin hätte heute keine Zeit, Vertagung auf Donnerstag nächste Woche.
Mittwochs kommt die Mutter mit Karl um 19:40, um Moritz abzuholen. Moritz ist gedrückt und scheinbar sehr gefasst, will dann aber doch nicht mit, „Angst vor Mama", redet leise mit dem Großvater darüber, ihr zur Abwehr weh zu tun „Ohr abzwicken mit Zange"…
Karl rastet heute aus, wirft dem Vater ohne Anlass Lügen vor, weil der angeblich wahrheitswidrig behauptet, nicht zu rauchen. Der Vater stellt klar, dass er nie in Gegenwart von Moritz, schon gar nicht in der Wohnung raucht.
Karl und die Mutter stehen nur rum, unternehmen nichts, um Moritz zu übernehmen.
Die Mutter weiß die für nächste Woche vereinbarten Termine nicht mehr, ist von Wechsel am Sonntag ausge-

gangen. Sie hat morgen mit Moritz einen Termin bei Frau W. vom „Kinderschutzbund"…

Den ganzen Abend gehen viele SMS hin und her, auch von Karl, er beschimpft den Vater weiter, bezeichnet die Mutter als seinen Schatz, verbittet sich Angriffe(?) gegen seine Freundin(!)

Schließlich gibt es dann doch eine klare Vereinbarung: ab Sonntag wieder reines Wechselmodell ab 11 Uhr.

Am Donnerstag erreicht der Vater endlich Frau W. und den Mitarbeiter vom Jugendamt.

Frau W. ist nicht vom DKSB, sondern vom Kinderschutzzentrum in W., einem Verein der beiden Kirchen. Frau W. ist zuerst sehr zickig, beleidigt, weil er sie nach bestem Wissen als DKSB angesprochen hat, dann aber doch sehr überrascht, dass die Mutter offenbar falsch kommuniziert und Tatsachen unterschlagen hat. Frau W. war überzeugt, dass der Vater von ihren „vielen" Gesprächen mit der Mutter wusste und nur nicht teilnehmen wollte, was nicht der Fall ist. Sie ist überrascht, dass der Vater auch die Verfahrensbeiständin nicht kennt. Er besteht darauf, dass er beide vor einem großen runden Tisch bilateral kennenlernen will. Außerdem habe ihm sein Anwalt abgeraten, in dem laufenden Verfahren parallel zum gerichtlichen Verfahren eine außergerichtliche Einigung zu versuchen. Er zeigt ihr auf, dass die Mutter schon viermal Gespräche abgebrochen oder abgelehnt hat. Frau W. ist dann bereit, sich am Montag früh mit ihm zu treffen. Der Jugendamt-Mitarbeiter klärt auf, dass nicht er, wie die Mutter behauptet, zu dem runden Tisch eingeladen hat, sondern Frau W. in Absprache mit der Mutter. Er hatte seinerseits Bedenken, die sich jetzt wegen der „fremden" beiden Teilnehmerinnen verstärken, und er hatte Bedenken wegen dem laufenden Verfahren, er scheint richtig froh, dass der Anwalt des Vaters der gleichen Meinung ist.

„Langsam verstehe ich Ihre Aussage, dass die Mutter so lange neue Gesprächspartner sucht, bis sie jemanden gefunden hat, der ausschließlich ihre Sicht vertritt". Er will Frau W. mit ausführlicher Begründung bitten, den runden Tisch am Dienstag abzusagen und zunächst das Gerichtsverfahren abzuwarten. Danach könne man das ja immer noch machen, falls das Gericht weiter einvernehmliche Einigung verlangt und keine Entscheidung anstatt trifft. Vater und Großvater sind sehr erleichtert. Leider will sich Frau W. am Montag nur eine halbe Stunde Zeit nehmen für Vater und Moritz, missachtet damit das Wohl des Kindes.

Achtundzwanzigste Woche Wechselmodell
Vater und Großvater holen Moritz am Sonntag um 11 Uhr bei der Mutter ab. Karl und die Mutter stehen mit Moritz vor der Tür, Moritz rennt zum Vater und umarmt ihn heftig „Papa, Papa, Papa...". Die beiden rennen und toben noch kurz, dann will Moritz los zum Auto, wird zurückgerufen wegen seinem Koffer, dabei verabschiedet er sich scheinbar liebevoll sowohl von der Mutter als auch von Karl, von dem fast noch herzlicher. Vater und Großvater tut das ein wenig weh.

Am Montag geht der Vater mit Moritz um 9 Uhr zum Kinderschutzzentrum in W. zum Gespräch mit Frau W. Der Vater ist enttäuscht, sie ist offensichtlich nicht unbefangen, glaubt der Mutter mehr als ihm, sieht Moritz bei der Mutter besser aufgehoben, ohne eine Begründung anzugeben.
Die Mutter wollte sogar eine Therapie für sich und Moritz. Für den sieht Frau W. wenigstens keinen Grund „so

aufgeweckt und fröhlich". Aber sie sieht eine notwendige Therapie für die Mutter nicht als Grund, Moritz zunächst nur beim Vater zu lassen!

Alles spricht wegen Aufenthaltsbestimmungsrecht anscheinend für die Mutter.

Die Mutter hat die Übergaben genau anders geschildert, es gäbe immer Krach beim Abholen beim Vater (streitsüchtig), der Kleine würde darunter und unterm Wechselmodell leiden, sollte also zu ihr??!!

Alle Unterschiede (auch Erziehungsstile) sieht Frau W. als Grund für „nur zur Mutter"!

Die Stresspickel lägen nicht an der Mutter, sondern am Wechsel an sich. Warum es dann keine Stresspickel gibt, wenn Moritz beim Vater ist, versucht sie gar nicht erst zu erklären.

Immer wenn das Thema zum Nachteil für die Mutter scheint, bricht Frau W. das Thema ab.

Dienstag und Mittwoch spielen Großvater, Vater und Moritz jeweils mehrere Stunden miteinander.

Am Donnerstag fahren Großvater und Vater mit Moritz zum Verfahrensbeistand.

Moritz ist 10 min zusammen mit seinem Vater drin, dann will der Verfahrensbeistand allein mit dem Vater reden. Der Großvater spielt mit Moritz im Warteraum. Nach einer knappen Stunde ist das Gespräch beendet.

Der Vater bemängelt, dass der Verfahrensbeistand zwar bei der Mutter auch Moritz befragt hat, aber nicht bei ihm, so kann sie doch nicht neutral urteilen.

Moritz habe im Beisein der Mutter gesagt, er findet es nicht schön, wenn Papa in der Wohnung raucht!! Das tut der ja auch gar nicht im Gegensatz zur Mutter. Er hat nicht gesagt, dass der Vater es tut, sondern nur, dass er es nicht schön fände, es ihm also auch bei der Mutter nicht gefällt. Unglaublich wie die Mutter versucht die Tatsachen zu verdrehen. Sie beeinflusst die Beteiligten durch Weglassen der vollen Wahrheit. Auch das ist eine Form der Lüge.

Der Vater wird gefragt, wie er mit dem Lebenspartner der Mutter zurecht kommt. Er stellt „Lebenspartner" in Frage und meint, es sei gut für das Kind, wenn die Mutter glücklich ist, ihm sei es egal. Er kennt Karl schon länger als die Mutter.

Positiv wertet der Vater die Aussage: sie könne sich alleinerziehende Väter sehr wohl vorstellen.

Ihre Stellungnahme damals sei formal gewesen, spiele jetzt im Hauptverfahren keine Rolle mehr! Wirklich?

Was er denn so mit dem Kleinen mache?

Wie er sich Arbeit und Kind vorstelle?

Wie er es organisieren will, wenn er wegen Krankheit ausfällt oder Kita geschlossen ist.

Er verweist auf seine berufliche Flexibilität und die Großeltern.

Sie stellt (offensichtlich auf Grundlage von Behauptungen) Fragen, bricht Antworten des Vaters aber ab, wenn er darauf eingeht und Positives aus dem Leben von Moritz bei ihm erzählen will. Es scheint sie alles nicht wirklich zu interessieren, offenbar steht ihr Urteil (Gutachten??) schon fest. Schließlich ist das Gespräch ja auch nur auf seine Bitte hin zustande gekommen, es ging nicht von ihr aus.

Auf die Aussage des Vaters, dass es einen zugesagten Kindergartenplatz hat meint sie süffisant „sind Sie sich da sicher?". Was hat das zu bedeuten?

Vater und Moritz gehen freitags zum Kindergarten in B., die Anmeldung von Moritz ist dort nicht aufzufinden, aber der Name bekannt. Die Leiterin des Kindergartens ist zuvorkommend. Sie heilt die für sie unerklärliche Si-

tuation und fertigt dem Vater eine Platzzusage für eine Ganztagsbetreuung in zwei Monaten aus.
Moritz spielt am Samstag intensiv mit den beiden Cousinen.
Am Sonntag spielen Großvater und Vater mit Moritz bei denen eine Stunde zusammen, dann kommen 11:20 die Mutter und Karl, Moritz abzuholen.
Die Mutter hat die SMS des Vaters von vor einer Stunde „braucht Moritz eine Windel" nicht beantwortet, also bekommt er keine Windel (denn beim Vater ist er trocken und sauber). Sie meint dann dazu spitz „keine Antwort, also selbstverständlich eine Windel", denn bei ihr ist er eben nicht trocken.
Die Mutter fragt hintergründig, ob der Vater einen bestätigten Kita-Platz hat, sie ist sichtlich angefressen über das „ja". Sie hat angeblich einen ab in sechs Wochen, der Vater zwei Wochen später.
Moritz tobt noch ein bisschen mit seinem Vater, dann bringt der ihn zur Mutter auf den Arm. Moritz will dann ohne sein Kuscheltier (!!) und seinen Koffer los (Absicht? Ich habe noch einen Koffer in…?)). Großvater und Vater gehen mit bis zur Haustür, weil Moritz es so möchte. Er winkt ihnen heftig aus dem Auto zu bis sie losfahren.

In der neunundzwanzigsten Woche Wechselmodell ist Moritz bei seiner Mutter.
Der Anwalt des Vaters ruft an, er hat nach Rücksprache mit der Richterin die Verhandlung um zwei Monate verschoben.
Das wird zwei Tage später durch ein Schreiben vom Gericht bestätigt mit der Begründung, dass vorher beide Verfahrensvertreter kein Zeit haben.

Dreißigste Woche Wechselmodell

Am Sonntag holen Großvater und Vater um 11 Uhr Moritz bei der Mutter ab. Moritz fällt seinem Vater jubelnd um den Hals, drückt ihn ganz arg mit „Papa, Papa, Papa", will gar nicht loslassen. Dann stürmt er los ohne Koffer. Die Mutter ruft ihn zurück zum Tschüss - Sagen, nimmt ihn hoch, er gibt ihr einen Kuss auf den Mund, aber kurz und ohne Emotionen. Dann gibt er auch Karl genauso einen Kuss auf den Mund, das passt dem Vater gar nicht, Mundküsse sollten bei kleinen Kindern sowieso gar nicht sein, besonders nicht mit nichtverwandten Personen.

Moritz ist heute ohne Windel (!), klappt es jetzt bei der Mutter auch? Seine rechte Wange ist wieder pustelig, abends ist das schon fast wieder weg. Er spricht ein sehr betontes „Jaaa", „Nein", wie genervt, hört er das immer so?

Moritz hat immer häufiger die Eigenart, am ersten Tag zu schlagen, wenn ihm etwas nicht passt. Wenn der Vater oder Großvater ihm dann eindringlich erklären, dass bei ihnen nicht geschlagen wird, sie ihn niemals schlagen würden und auch nicht von ihm geschlagen werden möchten, ist er sofort sehr nachdenklich, hält im Schlag inne. Ab dem zweiten Tag schlägt er nicht mehr. Auf die Bemerkung „das macht in unserer Familie niemand", meint Moritz dann „doch Mama", oft ergänzt er dann noch „und Karl auch".

Es ist klar, dass er einfach das Verhalten dieser Bezugspersonen nachahmt. Wenn denen etwas nicht passt, dann schlagen sie zu statt zu erklären. Also macht er diese einfache Lösung nach, wenn ihm etwas nicht passt. Aber er lässt es auch sehr schnell wieder sein, wenn es ihm erklärt wird.

Den ganzen folgenden Tag spielt Moritz mit seiner kleinen Cousine.

Der Vater, Moritz und der Großvater sind diese Woche mehrfach mit dem neuen Auto des Vaters unterwegs, essen und spielen sowohl beim Vater als auch bei den Großeltern.

Einunddreißigste Woche Wechselmodell
An diesem Sonntag sind die Großeltern auf einem Ausflug, heute ist ein Freund des Vaters dabei als die Mutter Moritz abholt.
Dienstag handeln Vater und Mutter telefonisch aus, dass Moritz zweimal freitags wechselt, also zunächst mal zwei Tage länger beim Vater ist. Dafür behält die Mutter ihn die Woche danach bis Montag.
Zunächst hatte die Mutter die Anfrage abgelehnt, dass der Großvater in 14 Tagen allein den Kleinen abholt, denn er solle doch nur zwischen den Elternteilen ausgetauscht und von denen betreut werden, sie gäbe ihn ja auch nicht Karl. Wirklich? Und wäre das nicht etwas anderes als die Bezugsperson Großvater?
Man beachte die zukünftige Aussage gegenüber dem Gericht, dass sie es bewusst Karl allein machen lasse, was aber gelogen war. Mit der Abholung allein durch den Großvater am Freitag ist sie einverstanden. Wahrscheinlich ist sie darauf angewiesen, wollte aber am üblichen Sonntag einen Tag zusätzlich für sich rausschlagen.
Der Großvater holt dann am Freitag um 11 Uhr allein Moritz bei der Mutter ab. Die Großeltern spielen intensiv mit Moritz, der Großvater holt mit ihm um 19:45 den Vater von der Arbeit ab und fährt sie heim.
Am Samstag feiern Moritz und sein Vater bei dessen Patenkindern deren Geburtstag.

Zweiunddreißigste Woche Wechselmodell
Den Sonntag verbringen der Großvater und der Vater mit Moritz auf einem großen Stadtfest.
Moritz schläft heute bei den Großeltern. Der Großvater erarbeitet bis nachts um 2 Uhr am PC einen Stellungnahmetext für den Anwalt wegen der unsäglichen Stellungnahme der Gegenanwältin aus.

Hier ein Auszug aus der Stellungnahme (*kursiv*) mit Kommentaren des Großvaters:
Zunächst ist festzustellen, dass das Kind nicht Franz-Moritz (Reihenfolge und Bindestrich falsch) heißt, sondern der erste und letzte seiner vier Vornamen „Moritz Franz" lauten mit Moritz als Rufnamen. Es spricht auch nicht gerade für die Bindungstoleranz der Mutter, wenn sie einseitig den Rufnamen von Moritz in ihrer Umgebung in Franz wechselt. Das ist unnötig, verwirrend für Moritz und alle beteiligten Personen, wie diese Bindestrichform der Anwältin zeigt.
Falsch ist die Darstellung des Jugendamtes, dass noch vor der Trennung die Eltern den Sohn Franz-Moritz in B. im Kindergarten angemeldet hätten.
Es hat nur eine Anmeldung für eine Kleinkinderbetreuung gegeben ab 3 Monate vor dem Ende des dritten Lebensjahres. Deshalb hat die Kindergartenleiterin eine Eingewöhnung von Franz für die kurze Zeit nicht für sinnvoll erachtet.
Es ist kein Kindergartenplatz für Franz-Moritz in B. gegeben, darum muss entsprechend der Auffassung des Jugendamtes dringend entschieden werden, in welchen Kindergarten Franz-Moritz gehen soll.
Der Kindergartenplatz in B. war gemeinsam angemeldet wenige Tage vor dem Auszug der Mutter, und

zwar für einen Platz unter drei Jahren als auch für einen Platz über drei Jahren.

Dem Vater wurde trotz gemeinsamen Sorge- und Aufenthaltsbestimmungsrechts weder von der Leiterin der Kleinkindergruppe noch von der Mutter mitgeteilt, dass die Mutter möglicherweise einseitig die Anmeldung für die Kleinkindergruppe widerrufen hat. Aber dem Vater wurde schriftlich bestätigt, dass ab dem Ende des dritten Lebensjahres ein Platz für Moritz zur Verfügung steht.

Die derzeitige Situation, insbesondere die fehlende Kommunikation der Eltern und das Wechselmodell wirkt sich negativ auf Franz-Moritz aus. Dieser hat verstärkte Verhaltensauffälligkeiten. Er ist bockig und stur, teilweise aggressiv.

Es findet Kommunikation und Absprache zwischen den Elternteilen statt mit jeweils einvernehmlicher Einigung zu Abweichungen zum Wechselmodell zum jeweiligen Aufenthalt des Kindes.

Die Form der Kommunikation, ob bei Begegnung, per Telefon, per SMS oder Mail ist zunächst zweitrangig.

Allerdings wird der Vater nie über das gemeinsame Sorgerecht betreffende Entscheidungen der Mutter informiert, schon gar nicht einbezogen, die über die Entscheidungen während der Betreuungszeiten weit hinausgehen. Beispiele dafür sind:

Ummeldung von Moritz beim Bürgeramt,
einseitige Anmeldung beim Kindergarten in W.

Verstärkte Verhaltensauffälligkeiten sind bei Moritz während des Aufenthaltes bei seinem Vater oder den Großeltern nicht zu beobachten, er ist ein aufgewecktes, liebenswürdiges Kind.

Das altersgemäße Verweigern oder Aussprechen von Wünschen und Vorschlägen ist nicht verhaltensauffällig.

Die Gespräche beim Jugendamt wurden beendet, weil die Mutter eine Aufhebung des Wechselmodells möchte und dass Franz-Moritz bei ihr seinen Aufenthaltsschwerpunkt hat. Damit konnte sich der Vater nicht einverstanden erklären.

Dem Vater wurde vom Jugendamt mitgeteilt, dass bereits vereinbarte Termine beim Sozialpädagogen und beim Psychologen von der Mutter abgesagt wurden.

Diese Mitteilung kam für den Vater völlig überraschend, denn er sah die Gespräche auf gutem Weg.

Auffällig war, dass die Absagen durch die Mutter unmittelbar nach einer Rüge des Psychologen über ihre Gewalt gegenüber Moritz erfolgten.

Die Absagen der Termine erfolgten ein halbes Jahr vorher, also nicht im Zusammenhang mit dem gerichtlichen Antrag der Mutter.

Die Mutter hat bei den Gesprächen im Jugendamt mehrfach geäußert, dass für sie nur ein „alles oder nichts" in Frage käme, also Moritz entweder ganz zu ihr kommt oder gerichtlich dem Vater zugewiesen wird. Jeden anderen Kompromiss auf der Grundlage eines gemeinsamen Aufenthaltsbestimmungsrechts und auf Grundlage eines Wechselmodells hat sie kategorisch abgelehnt. „Ganz bei mir oder gar nicht" kann nicht als Einigungswille der Mutter bewertet werden, zudem es keine Gründe dafür gibt, dass das gleiche dann nicht auch für den Vater gelten soll.

Der Jugendamt-Psychologe hat den Raum gerade wegen dieser Einigungsunwilligkeit der Mutter verlassen, nicht wegen eines Streits zwischen den Eheleuten. Es ist nicht angebracht, beiden Elternteilen in gleichem Maße Einigungsunwilligkeit vorzuwerfen, denn der Vater hat mehrere Kompromissangebote gemacht.

Zum Förderprinzip
Es ist falsch, dass sich die Mutter mit dem Kind ohne Vorwarnung und Absprache mit dem Vater aus dem gemeinsamen Haushalt entfernt hat. Ihr Bruder kann bezeugen, dass sie mehrfach die Trennung angekündigt hat.

Der Antragsteller hatte jederzeit die Möglichkeit Umgangskontakte zu Franz-Moritz zu pflegen, was er auf Grund seiner beruflichen Situation nicht wollte.

Keinesfalls schlägt die Antragstellerin das Kind, es gab höchstens zweimal einen Klaps.

Keinesfalls ist die Antragstellerin gezwungen, das Kind in eine Fremdbetreuung zu geben.

Der Vater lässt zu 95% der Aufenthaltszeit bei ihm das Kind durch die Großeltern Betreuen, auch das ist Fremdbetreuung.

Eine Gefahr des Passivrauchens besteht bei der Mutter nicht, sie raucht ausschließlich allein in der Küche bei offenem Fenster.

Der Vater ist ebenfalls Raucher.

Der Auszug der Mutter mit dem Kind aus der gemeinsamen Wohnung erfolgte ohne jede Ankündigung während einer dreitägigen beruflichen Abwesenheit des Vaters. Einen nachvollziehbaren Grund für die Mitnahme des Kindes aus der gewohnten Umgebung gab es nicht.

Trotz des gemeinsamen Aufenthaltsbestimmungs- und Sorgerechts weigerte sich die Mutter, Aussagen zum Aufenthalt von Moritz, seiner neuen Umgebung und seinem Umgang zu machen. Die Mutter versuchte vom ersten Tag an, über die Aufenthaltsbestimmung allein zu verfügen, verweigerte dem Vater 14 Tage lang den Umgang mit Moritz, ließ aber einen auch mehrtägigen Aufenthalt bei den Großeltern zu, wo der Vater ihn treffen konnte. Erst nach mehreren Wochen gestand sie auch mehrtägigen Aufenthalt beim Vater zu.

Der Vater wehrte sich nicht massiv oder gerichtlich, weil er vom ersten Tag an um eine einvernehmliche Regelung bemüht war, die die Mutter mit allen Mitteln zu verhindern versuchte.

Der Hinweis auf die Möglichkeit eines Umgangskontakts des Vaters ist in zweierlei Hinsicht falsch. Erstens war er an der Aufenthaltsbestimmung zu beteiligen, es stand ihm also mehr zu als geduldeter Umgang, zum anderen hat die Mutter selbst das zunächst verweigert oder behindert.

Selbstverständlich hat die Mutter vor und nach der Trennung Moritz regelmäßig geschlagen. Sie hat es dem Jugendamt-Psychologen selbst mitgeteilt und befürwortet.

Der Großvater hatte sie bereits lange vor der Trennung mehrfach darauf angesprochen, dass sie das lassen sollte, denn er musste es bei jedem mehrstündigen Zusammentreffen erleben.

Nicht nur sie, auch ihre Eltern haben bei ihrem jeweiligen Aufenthalt in Deutschland Moritz regelmäßig geschlagen, sowohl auf den Po, viel auf den Hinterkopf und sehr viel auf die Finger. Da dies trotz des Widerspruchs der Großeltern auch in deren Gegenwart geschah, war wohl anzunehmen, dass es sonst noch häufiger erfolgte. Abgesehen davon, dass es sich um rechtswidriges Verhalten handelt, hat dieses Verhalten in dieser Familie schon seit Generationen keinen Platz. Der Großvater stellte bereits Überlegungen an, das Jugendamt um Rat zu fragen (hätte er es doch getan!), als dann noch etwas Extremes geschah. Die Mutter hatte der läufigen Hündin des Bruders, die mit in der Wohnung lebte, ein Lieblingsspielzeug von Moritz als Ersatzwelpe gegeben und damit billigend in Kauf genommen, dass die Hündin Moritz beißt. Damit war für den Großvater endgültig klar, dass er das Jugendamt einschalten müsste. An dem Wochenende zog die Mutter mit Moritz aus, damit fielen die Anrufe beim Jugendamt wegen Hund und wegen Auszug zusammen.

Der Großvater machte sich große Sorge um den alleinigen Aufenthalt von Moritz bei dieser sorglosen und schlagenden Mutter.

Es ist völlig falsch, dass der Vater das Kind zu 95% fremd betreuen lässt. Wenn er Betreuung für Moritz in Anspruch nimmt, z.B. um in Ruhe seine Buchhaltung machen zu können, so sind das seine Eltern.

Dabei ist festzustellen, dass insbesondere der Großvater eine wichtige Bezugsperson für Moritz ist. Seit seiner Geburt war Moritz ein Drittel der Zeit bei den Großeltern und wurde dort in erster Linie durch den Großvater betreut. Der Aufenthalt erfolgte, wenn beide Elternteile arbeiten waren, aber nie wenn der Vater anwesend war. Die Mutter gab aber Moritz häufig, auch wenn sie nicht gearbeitet hat, zu seinen Großeltern.

Dadurch und durch die Elternzeit des Vaters ergab sich zum Vater und zum Großvater ein engerer Bezug als zur Mutter.

Wenn der Vater daheim war, kümmerte er sich um Moritz, nicht die Mutter, das galt besonders während seiner Elternzeit, aber auch danach. Nach der Trennung hat die Mutter Moritz zunächst überwiegend zu diesen Großeltern gebracht statt zum Vater, so dass der Aufenthalt von Moritz auch nach der Trennung zu einem Drittel bei den Großeltern war.

Ab dem Wechselmodell ist Moritz im Schnitt in der Aufenthalts-Woche beim Vater einen Tag bei den Großeltern, also bestenfalls 15%, sonstige Fremdbetreuung gibt es nicht. Wegen des engen Bezugs zum Großvater gesteht der Vater auch Übernachtungen von Moritz zu, um das Umgangsrecht von Moritz mit den Großeltern gerade in diesem engen Bezug zu gewährleisten.

Dagegen überlässt die Mutter in ihrer Woche Moritz diesen Großeltern nicht mehr, versucht also, ihn von diesen Bezugspersonen zu entfremden gegen die Interessen von Moritz.

Der Vater raucht gelegentlich in den Pausen bei der Arbeit, aber nie in der Wohnung und nie vor Moritz. Es ist daher falsch, ihn als Raucher zu bezeichnen. Die Mutter dagegen ist eine starke Raucherin, die dazu die Wohnung nicht verlässt.

Zum Kontinuitätsprinzip
Richtig ist, dass der Antragsgegner immer noch in der ehemaligen gemeinsamen Wohnung lebt. Diese ist nicht kindgerecht.
Bis zur Trennung haben die Eltern gleichberechtigt Moritz betreut.
Falsch ist, dass der Antragsgegner mehr Zeit für das Kind habe, wo doch seine Eltern zu 95% das Kind betreuen.
Verwandte und Freunde wohnen nicht in der Nähe, ein bekanntes soziales Umfeld ist insofern für Moritz nicht vorhanden.
Eine Kontinuität wird ebenfalls bei der Antragstellerin gelebt. Sie hat seit 10 Monaten einen festen

Wohnsitz mit Kinderzimmer für Moritz, der sich inzwischen eingelebt hat.

Die Mutter hat nach dem Auszug nicht in ihrer jetzigen Wohnung gewohnt, sondern über zwei Monate nur unbekannt woanders Aufenthalt gehabt. Dies macht noch unverständlicher, warum sie das Kind aus seiner gewohnten Umgebung gerissen hat.

Da sie dem Vater ihre jetzige Anschrift erst zwei Monate nach dem Auszug mitteilte, kennt der Vater ihre vorherigen Aufenthalte nur vom höheren Sagen. Ein dauerhafter Aufenthalt in der jetzigen Wohnung seit der Trennung ist nicht glaubwürdig.

Moritz sieht nach wie vor die frühere gemeinsame Wohnung und das Haus der Großeltern als seinen Lebensmittelpunkt, empfindet den Aufenthalt bei der Mutter eher als Besuch in einer ungewohnten Umgebung.

Zum Kindeswille

Unrichtig ist, dass Moritz bei seinem Vater bleiben möchte. Ein solcher Wunsch von Moritz ist eher Hinweis darauf, dass Moritz bei seinem Vater alles darf, keine Regeln aufgestellt werden.

Dass Moritz stets freudig von der Mutter zum Vater wechselt, spricht eindeutig für die Bindungstoleranz der Mutter, die Moritz gut auf den Wechsel vorbereitet und nicht negativ über den Vater spricht.

An der Rückgabesituation vom Vater an die Mutter ist abzulesen, dass der Vater und seine Eltern keinerlei Bindungstoleranz haben. Es ist davon auszugehen, dass Moritz vom Vater und vom Großvater negativ im Hinblick auf die Mutter beeinflusst wird.

Festzustellen ist, dass die Mutter bei der Übergabe mit unterstellenden Fragen und Aussagen im Befehlston das Übergabeklima vergiftet. Natürlich hat der

Vater ihre Unterstellungen zurückgewiesen, insbesondere auch, weil ihm im Vorverfahren vorgeworfen wurde, dass er sich (auf Grund seines Einigungswillens) nicht frühzeitiger gegen das einseitige Vorgehen der Mutter gewehrt habe. Die Streitsituation bei der Übergabe wurde aber jeweils von der Mutter eingeleitet.

Selbstverständlich gibt es Regeln für Moritz, sowohl beim Vater als auch bei den Großeltern. Allerdings gibt es dort keine Schläge und Befehle, sondern Vorleben, Erklären und Überzeugen.

Moritz darf einen eigenen Willen haben, lernt aber auch, wann und warum Vater oder Großeltern etwas anderes wollen.

So war Moritz beim Vater und den Großeltern schon ein halbes Jahr trocken und sauber und ging ohne jeden Druck selbstständig aufs Töpfchen, bevor die Mutter auch aufhörte, ihn tagsüber zu wickeln.

Es ist deshalb unwahr, dass Moritz nur gern beim Vater oder den Großeltern ist, weil er dort maßlos verwöhnt wird. Vielmehr ist er gern dort, weil es weniger Druck, keine Schläge und viel Förderung seiner Wissbegierde gibt.

Es ist unwahr, das Vater oder Großeltern schlecht über die Mutter reden. Moritz wird vom Vater immer liebevoll auf den Wechsel vorbereitet und es wird auch in allen Zusammenhängen die Mutter erwähnt, ob beim Einschlafsingen oder beim Autofahren oder….

Allerdings ist festzustellen, dass Moritz meistens abblockt, wenn die Mutter erwähnt wird, das Thema wechselt oder wegläuft.

Die Bindung zum Vater ist erkennbar enger als zur Mutter und auch sehr eng zum Großvater.

Holt die Mutter Moritz ab, begrüßt er sie meistens nicht, steht sie bis zu einer halben Stunde ungerührt rum, wenn er immer wieder wegrennt, während der Vater ihm das Mitgehen schmackhaft macht und ihn schließlich der Mutter von Arm zu Arm übergibt.

Holt dagegen der Vater Moritz ab so stürmt er auf ihn zu, fällt ihm um den Hals und stürmt dann raus aus dem Haus zum Auto.

Also eine sehr zeitaufwändige und für das Kind belastende Übergabe an die Mutter. Verzögerungsfreie und für das Kind befreiende Übergabe an den Vater.

Das ist auf jeden Fall ausschließlich bedingt durch Moritz Gefühle gegenüber seiner Mutter und seinem Vater.

Das lässt sich beim besten Willen nicht so interpretieren wie von der Anwältin der Antragstellerin angegeben.

Zur Bindung

Bestritten wird, dass die Bindungen des Kindes zum Vater enger sind als zur Mutter.

Richtig ist, dass der Vater eine 12-monatige Elternzeit pro Forma auf seinen Namen beantragt hat, stattdessen aber anstelle der Mutter gearbeitet hat.

Bestritten wird, dass der Vater mehr Geduld und Ruhe mit Kindern hat.

Diese Aussagen kann der Bruder der Mutter bezeugen.

Der Vater hat nur den zulässigen Hinzuverdienst in der Elternzeit wahrgenommen, sich ansonsten ausschließlich um Moritz gekümmert, wo hingegen die Mutter Moritz auch dann zu den Großeltern gebracht hat, wenn sie daheim war. Es wäre schon kühn, das nur ihrer Bindungstoleranz zuzuschreiben, wo es doch eher wie Unlust am Kind wirkte.

Wie schon oben beschrieben herrscht beim Vater ein wesentlich friedvollerer Umgangston als bei der Mutter. Ein völliger Verzicht auf Schläge beweist größere Geduld und Ruhe als Befehl und von Schlägen begleiteter Abbruch der Diskussion.

Zum Nestprinzip
Bestritten wird, dass Moritz von Geburt an in den Freundes- und Verwandtenkreis des Vaters eingebunden war. Der Antragsteller vergisst zu erwähnen, dass er in der Vergangenheit als DJ tätig war, insoweit war eine normales Familienleben gar nicht möglich.
Ein Verwandtenkreis existiert lediglich im Hinblick auf die Eltern des Antraggegners.
Direkte Kontakt zu den Patenkindern und Cousinen existierten nicht.
Eine Betreuung durch die Eltern des Antragstellers erfolgte vor der Trennung lediglich dann, wenn Vater und Mutter beide arbeiteten.
Es ist nicht wahr, dass die Mutter nach der Trennung mehrfach umzog.
Die Maisonette-Wohnung des Vaters ist nicht kindgerecht. Das Kinderzimmer hat keine Außenwandisolierung.

Der Vater hat schon lange vor der Ehe und der Geburt von Moritz nicht mehr als DJ gearbeitet, insofern ist diese Einlassung völlig unverständlich und hat mit dem Familienleben und Aufwachsen von Moritz nichts zu tun.

Der Verwandtenkreis des Vaters besteht aus seinen Eltern, seiner Schwester, deren Partner und den beiden Nichten. Mindestens einmal in der Woche, meistens am Wochenende, trifft sich die ganze Familie bei den Großeltern und zusätzlich haben sich der Vater und seine Schwester auch mit Kindern gegenseitig besucht. Auch im jetzigen Wechselmodell ist Moritz einen Tag in der Woche des Vaters mit seinen Cousinen zusammen. Das Familienleben ist sehr wohl intensiv.

Es ist ja wohl nicht negativ, dass die Treffen überwiegend bei den Großeltern stattfinden, Familienleben eben.

Die Mutter behauptet wider besseres Wissen etwas anderes, obwohl sie es über drei Jahre selbst miterlebt hat.

Es gab sehr wohl bereits vor der Trennung viele Kontakte zu den Patenkindern des Vaters. Natürlich haben die sich altersbedingt mit dem Heranwachsen von Moritz verstärkt, das hat also eher etwas mit dem Alter als der Trennung zu tun. Außerdem hat die Mutter keinen Wert auf diese Kontakte gelegt (Bindungstoleranz?).

Bewusst lässt der Antragsgegner seine Erwerbssituation nicht vortragen. Er ist selbstständig berufstätig und daher nicht in der Lage, eine kindgerechte Betreuung zu gewährleisten.

Die berufliche Situation bei der Antragstellerin stellt sich anders da. Aufgrund des Wechselmodells arbeitet sie jetzt in den Wochen, wenn das Kind beim Vater ist. Wenn das Kind gänzlich in ihrem Haushalt lebt, wird sie während der Kindergartenzeiten und der Umgangskontakte des Vaters einer Berufstätigkeit nachgehen.

Die Erwerbssituation des Vaters ist nicht einfach darzustellen, da er kein regelmäßiges, festes Einkommen, kein Gehalt hat, sondern sein Einkommen sich jahresweise nachträglich als Firmenüberschuss ergibt. Seine jeweilige Einkommenssituation ist also jeweils erst im Folgejahr darstellbar, bestenfalls schätzbar, aber nicht nachweisbar. Auf diese Sicht haben sich die Anwältin und das Gericht aber nicht eingelassen. Insbesondere die Mutter wird dafür auch kein Verständnis haben, da sie während der Ehe nicht das Einkommen, sondern den Umsatz für ihre Bedürfnisse verwendet hat.

Der Vater kann durch seine Selbstständigkeit seine Arbeitszeit eigenständig steuern und durch Beauftragung von Unterauftragnehmern viel daheim im Büro erledigen und so sicherstellen, dass er mindestens in der Hälfte der Zeit zu Hause ist oder dort zu einer beliebigen Tageszeit arbeitet. Allein wegen Moritz wird er dessen Umgang mit den Großeltern fördern und tageweise in Anspruch nehmen, wenn Moritz ganz bei ihm leben würde. Auch dann müsste die Betreuung durch die Großeltern nicht über die jetzigen 15 % hinausgehen.

Insbesondere kann der Vater auch Abweichungen durch Krankheit oder Ausfall des Kindergartens leicht selbst oder mit Hilfe seiner Eltern abdecken.

Die Darstellung der Berufstätigkeit der Mutter im Zusammenhang mit der Kinderbetreuung ist schwer nachvollziehbar, insbesondere sind Sondersituationen wie Krankheit des Kindes, Schließzeiten des Kindergartens, Verspätung bei der Abholung nicht erwähnt.

Soweit die Kommentare des Großvaters.

Da der Vater am Montag und Dienstag arbeiten muss, schläft Moritz eine weitere Nacht bei den Großeltern, ab Dienstag Abend wieder beim Vater.

Am Mittwoch fahren Großeltern und Vater mit Moritz in den Zoo. Herrliches Wetter, allerdings recht heiß. Es sind

fast nur Kleinkindern mit Anhang im Zoo. Moritz hält enorm durch, macht nur kleines Nickerchen von 30 min.
Die Stellungnahme des Anwalts ist da, er weist den Antrag der Anwältin der Mutter kostenpflichtig zurück und kündigt eine ausführliche Stellungnahme an.
Am Freitag holen Mutter mit Karl um 11 Uhr Moritz ab, Vater, Großvater und Moritz sind bei dem herrlichen Wetter auf der Terrasse. Moritz will nicht zur Mutter, ergibt sich aber schließlich friedlich ins Unvermeidliche, wehrt sich nur verbal.

Dreiunddreißigste Woche Wechselmodell
Moritz ist bei der Mutter. Der Vater arbeitet von Montag bis Freitag auswärts.
Am Mittwoch kommt vom Anwalt ein Antrag auf Eilentscheidung des Gerichts auf Zulässigkeit einer Kindergartenanmeldung durch die Mutter (Ersatz der Zustimmung des Vaters).
Es wird behauptet, dass sonst der Kindergartenplatz in W. aufs Spiel gesetzt wird. Der in B. vorhandene Kindergartenplatz wird nicht erwähnt. Der Großvater schreibt eine richtig stellende Stellungnahme zur Aussage des Verfahrensbeistands und sendet sie an den Vater. Der Anwalt will vorrangig formal aus mehreren Gründen widersprechen und beruhigt den Vater etwas und schickt dann seinen Widerspruch zum Eilverfahren:
...wird beantragt, den Antrag auf Erlass einer einstweiligen Anordnung kostenpflichtig zurückzuweisen,
hilfsweise, nicht ohne mündliche Verhandlung zu entscheiden.
Der Antrag auf Erlass einer einstweiligen Anordnung ist zurückzuweisen, weil offensichtlich kein Eilbedürfnis besteht. Es ist nicht ersichtlich, dass das einstweilige Anordnungsverfahren eher zu einem Ergebnis führen

wird als das zeitgleich bzw. früher erhobene ordentliche Verfahren. Auch nach neuem Recht ist für eine einstweilige Anordnung aber ein dringendes Regelungsbedürfnis erforderlich. Dieses ist nicht zu sehen.
Gemäß § 155 Abs. 2 FamFG wäre auch in dieser Sache eine Erörterung mit den Beteiligten in einem Termin erforderlich. Das Gericht hat mitgeteilt, dass ein früherer Termin als der in der Hauptsache festgelegte dem Gericht nicht möglich sei. Das bedeutet, dass auf frühestens ... in der einstweiligen Anordnungssache terminiert werden könnte.
Mit ihrem Antrag auf Erlass einer einstweiligen Anordnung bezweckt die Antragstellerin lediglich eine Vorentscheidung des Gerichtes im Sorgerechtsverfahren. Das kann aber nicht rechtens sein. Auf die Entscheidung des OLG Frankfurt vom 7.7.2011, FamRZ 2012,144 wird hingewiesen, der Rechtsgedanke ist analog hier anwendbar.
Der Kindergartenplatz ist nach dem eigenen Vortrag ab dem ... erst vorgesehen. Es ist also völlig ausreichend, wenn im Termin vom ... auch dieses Problem mit erörtert und gegebenenfalls entschieden wird. Es besteht keinerlei sachliche Notwendigkeit, diese Frage jetzt schon zu entscheiden, erst recht nicht ohne mündliche Anhörung der Eltern und der übrigen Verfahrensbeteiligten, was gesetzlich zwingend erforderlich ist.

Es trifft ein Schreiben des Verfahrensbeistands ein, überwiegend mit den altbekannten Unwahrheiten oder Falschdarstellungen. Hier Auszüge (*kursiv*) mit Kommentaren des Großvaters:
Zum Gespräch mit der Mutter:
Moritz lässt sich leicht von der Mutter lösen und ihrem Begleiter anvertrauen.

Soll wohl sagen, die Mutter hat ihn im Griff, er gehorcht aufs Wort. Wahr ist, dass er bei jedem lieber ist als bei seiner Mutter.

Die Mutter meint, dass das Wechselmodell nicht mehr funktioniere, weil der Vater jede Begegnung für eine Schlammschlacht vor dem Kind ausnutzt.

Ganz abgesehen davon, dass es auch ohne Wechselmodell zu vielen Begegnungen kommt (Umgang), also dieser Begründung wohl kaum die Ablösung begründet werden kann, hat der stets anwesende Großvater es nie so erlebt. Beim Abholen bei der Mutter ist Moritz sofort fröhlich losmarschiert, wenn es wirklich zu einem dadurch sehr kurzen Wortwechsel kam, dann nicht vor ihm. Umgekehrt bei der Abholung durch die Mutter hat diese immer 20 Minuten wortlos rumgestanden und Moritz hat mit tausend Ideen das Mitgehen rausgezögert, während der Vater damit beschäftigt war, ihm den Aufenthalt bei der Mutter in den schönsten Farben zu beschreiben.

Man habe in den Gesprächen beim Jugendamt keine Lösung gefunden, weil der Wunsch des Vaters für die Umgestaltung des Wechselmodells für sie unannehmbar gewesen sein.

Tatsächlich hat die Mutter aber keine Kompromisse diskutiert, sondern vom Vater die Zustimmung verlangt, dass das Kind ausschließlich Aufenthalt bei ihr bekomme. Das konnte der Vater nicht als tragfähigen Kompromiss akzeptieren.

Der Vater schiebe das Kind zu 95% des Aufenthaltes bei ihm das Kind zu seinen Eltern ab.

Tatsächlich hält sich Moritz etwa 15% der Zeit während des Aufenthalts beim Vater bei dessen Eltern auf, die wichtige Bezugspersonen waren und sind (auf 2 Wochen Wechselmodell bezogen also zu 7% der Betreuungszeit).

Bei diesen Großeltern hat sich Moritz vor der Trennung bis zu 35% der Zeit aufgehalten hat, also fünfmal so viel.
Ihr seit einem ¾ Jahr fester neuer Partner würde sich sehr gut mit Merlin verstehen.
Einmal abgesehen davon, dass die beiden nicht zusammen wohnen und leben und auch erst seit einem halben Jahr eine Beziehung haben, wäre eine solche Aussage wichtig, wenn sozusagen ein dritter Fremder zur heilen Welt einer engen Beziehung zwischen Mutter und Kind hinzukommt, diese also nicht stört. Da aber Mutter und Kind keine gute Beziehung haben, ist es belanglos, der neue Partner der Mutter kann die Störung zwischen Mutter und Kind nicht heilen.
Sie sei sich mit ihrem neuen Partner einig, dass sie gemeinsam die 100%ige Betreuung von Moritz übernehmen wollen, ergänzt durch einen Kindergartenplatz, und dem Vater 14tägigen Umgang einräumen.
Da der Vater vor der Trennung im wesentlichen, unterstützt durch seine Eltern, die Betreuung übernommen hatte, die Mutter sich kaum um das Kinde gekümmert hatte, und dadurch Vater und Großvater die wichtigsten Bezugspersonen für Moritz waren und sind, ist ein solches Ansinnen schon eigenartig und nicht nachvollziehbar. Schon gar nicht werden Wohl und Wille des Kindes dabei betrachtet.
Außerdem würden diese „Begründungen" mindestens in gleicher Weise auch für einen Aufenthalt beim Vater sprechen. Was spricht für die Mutter?
Nur, dass sie es so und nicht anders will?
Die Mutter behauptet, dass keine Kommunikation mit dem Vater möglich sei, sie nicht von ihm informiert würde.
Tatsächlich hat sie den Vater über gar nichts informiert seit der Trennung, nicht über den Aufenthalt, nicht über

die Ummeldung, nicht über die Kindergartenanmeldung.
Sie sei froh, dass ihr neuer Partner hin und wieder die Übergaben von Moritz übernommen habe.
Abgesehen davon, dass das nicht einmal der Fall war, sie war immer anwesend, spricht es nicht gerade für Bindungstoleranz der Mutter und beweist Rücksichtslosigkeit gegenüber den Gefühlen des Kindes. Das Ausweichen der Mutter vor diesen Situationen beweist ihre Unfähigkeit in der Erziehung des Kindes.
Die Mutter behauptet, dass es bei ihr klare Regeln für Moritz gäbe, er aber beim Vater und den Großeltern alles dürfe, darum zeige sich Moritz nach den Aufenthalten dort immer sehr schwierig bis kaum beherrschbar. Bei gäbe es angekündigte Konsequenzen und wirksame Strafen.
Diese Unterstellungen sind nicht belegbar. Es gibt sehr klare Regeln beim Vater und Großvater, aber keinen kompromisslosen Gehorsam. Alles wird erklärt, es darf verhandelt werden. Moritz wird dort zu einem selbstbewussten, eigenständigen Menschen ins Leben begleitet und nicht grundlos dressiert.
Gespräch mit dem Vater:
Moritz lässt sich nur schwer vom Vater trennen und vom Großvater beschäftigen.
Moritz fühlt sich bei beiden gleichermaßen wohl und aufgehoben und ist bei ihnen gewohnt, zunächst eine nachvollziehbare Begründung für ein bestimmtes Verhalten zu bekommen, er reagiert nicht auf Befehl, weil die beiden das gar nicht wollen. Dadurch dauert es einen Moment länger bis Moritz vom Vater zum Großvater wechselt, aber „schwer" ist falsch beobachtet, außer der Beobachter erwartet ausschließlich Befehl und Gehorsam.

Auf die Frage nach seiner Tätigkeit äußert sich der Vater indifferent.
Hiermit wird dem Vater als undurchschaubar vorgeworfen, dass ihm eine sehr flexible Gestaltung von Arbeitsinhalten, Arbeitszeiten und Arbeitsorten, auch unter Einsatz von Unterauftragnehmern, möglich ist. Der Verfahrensbeistand hat offenbar keine Vorstellung von einer solchen beruflichen Selbstständigkeit.
Gespräch mit dem neuen Partner der Mutter:
Er verfolge den gleichen Erziehungsstil wie die Mutter mit klaren Regeln, selbstverständlich bekomme Moritz Klapse, aber Schlagen werden von ihm und der Mutter nicht praktiziert.
Es ist erschreckend, dass die Verharmlosung „Klapse" vom Verfahrensbeistand kommentarlos hingenommen wird., obwohl gesetzlich eine gewaltfreie Erziehung gefordert wird.
Gespräch mit Moritz:
Moritz trennt sich problemlos von der Mutter.
Ja klar, jeder ist ihm lieber als die Mutter (s.o.).
Moritz ist auffallend weit entwickelt.
Ja, dank Vater und Großvater.
Moritz kann 4-Wort-Sätze bilden.
Falsch, er kann bereits auch 12- bis 16-Wort Sätze (grammatikalisch fehlerfrei) bilden.
Verbote akzeptiert er erst, wenn ein Deal ausgehandelt ist.
Ja, er ist nachvollziehbare Begründungen gewohnt beim Vater und Großvater, er darf alles in Frage stellen.
Einschätzung des Verfahrensbeistands.
Die Mutter versteht es, Moritz Erfolgs bringend in Schranken zu weisen. Die Beziehung zur Mutter ist augenscheinlich emotional. Sie hat seit der Geburt Moritz allein betreut und versorgt.

Natürlich bedeutet der starke psychische Druck der Mutter eine sehr emotionale Beziehung, aber nicht im positiven Sinn.
Es ist eine unglaubliche Lüge, dass die Mutter Moritz allein betreut hat, das hat sie nämlich nachweislich Tagebuch des Großvaters höchstens zu einem Sechstel der Zeit, ein Drittel haben die Großeltern die Betreuung, zur Hälfte hat sie der Vater erbracht. Ein Sechstel(!) ist ganz und gar nicht allein(!)
Beim Vater und Großvater sind großes Bemühen aber auch Überforderungen beim Umgang mit Moritz augenscheinlich.
Hiermit bestätigt der Verfahrensbeistand sein völliges Unverständnis für diesen ins Leben begleitenden Erziehungsstil, durch den Moritz so aufgeschlossen und weit entwickelt ist. Eine solche Uneinsichtigkeit und Befangenheit eines Verfahrensbeistands (Anwalt des Kindes) bedarf keines weiteren Kommentars.
Die Mutter zeigt Erziehungs- und Förderungskompetenz.
Eben nicht, sie beherrscht nur Gehorsamsdressur und Abschieben des Kindes an andere.
Die Mutter hat sich mit dem Jugendamt und anderen um Vermittlung bemüht.
Die Mutter hat alle Gespräche abgebrochen, die ihrem kompromisslosen Ziel nicht förderlich schienen und neue Gesprächpartner dazu gesucht. Der Vater hat sich um einvernehmliche Einigung bemüht, aber die Mutter hat ausschließlich in mehreren Durchgängen die reine gerichtliche Entscheidung gesucht.
Die Mutter hat sich bemüht, dem Kind die gegenwärtige Umgebung zu erhalten.
Die Mutter hat das Kind mit ihrem Wegzug aus seiner gewohnten Umgebung und großen Familie herausgerissen. Alle Beteiligten haben das Grundsatzurteil, nach dem

bis 6 Monate nach der Trennung der bisherige Wohnort des Kindes als sein Lebensmittelpunkt zu betrachten ist, ignoriert. Die Aussage des Verfahrensbeistands ignoriert, dass Moritz das bisher so empfindet und den Aufenthalt bei der Mutter jeweils als Besuch ansieht, es ist keine bisher für ihn wichtige Umgebung.

Die Mutter beabsichtigt, Moritz mit einem Kindergartenplatz in ihrer Umgebung sozial einzubinden.

Moritz war an seinem gewohnten Wohnort beim Vater sozial (Nachbarn, Bekannte, Verwandte) eingebunden und es gab eine Zusage für einen Kindergartenplatz schon vor der Trennung auf Bemühen des Vaters. Diesen Platz hat die Mutter mit Wissen und Billigung des Verfahrensbeistandes einseitig (erfolglos) abzumelden versucht.

Moritz Entwicklungsstand ist als äußerst positiv zu beurteilen.

Das hat Moritz sicher nicht seiner bildungsfernen Mutter zu verdanken.

Beide Elternteile müssen bei ihrem Betreuungskonzept auf Fremdbetreuung (Opa, Lebenspartner) zurückgreifen.

Mit dem Unterschied, dass die Großeltern, besonders der Großvater bereits seit Geburt wichtige Bezugspersonen sind. Das kann ja wohl nicht wirklich als Fremdbetreuung bezeichnet werden, weil die Mutter bisher fremder war für Moritz als die Großeltern.

Das Kind hat zu beiden ein gleichermaßen gutes emotionales Verhältnis, wobei augenscheinlich die Tendenz Richtung Mutter geht.

Hier wird nicht zur Kenntnis genommen (weil es auch kein außen stehender Beteiligter beobachtet hat), dass sich Moritz bei der Übergabe an die Mutter jeweils mit allen Mitteln gewehrt hat mit Weglaufen, Verstecken, Weinen, Schreien „Neiiiin - nicht zu Mama", „Papa nicht arbeiten, bei Papa bleiben", „zu Oma und Opa fahren",

Klammern an Papa und Opa, Tragen zum wegbringenden Auto. Die behauptete Tendenz zur Mutter wird nicht begründet.

Dabei ist zu berücksichtigen, dass ein Kind in dem Alter niemanden verlieren will, versucht die vermuteten Erwartungen der jeweiligen Person zu erfüllen und in diesem Fall noch der psychische Druck der strafenden Mutter, möglicherweise auch starke Indoktrination.

Ein Wechselmodell scheint bei der mangelnden Kommunikationsfähigkeit der Eltern nicht kindgerecht durchsetzbar.

Eine nicht nachvollziehbare unsinnige Aussage. Gerade ein klar geregelte Wechselmodell ist ohne Kommunikation einfacher umsetzbar als ein Umgangsmodell mit auszuhandelndem Urlaub. Beim Wechselmodell sind beide Elternteile gefordert, sich zu einigen, beim Umgangsmodell hat einer von beiden keine Mitbestimmungsmöglichkeiten und Chancen. Das wird viel eher zu Streit führen. Die Begründung ist also falsch.

Es ist außerdem für ein Kind schwer nachzuvollziehen, warum es sich bei dem schwer ertragbaren Elternteil länger aufhalten muss als bei dem geliebten Elternteil. Ein Wechselmodell war da für das Kind leichter verständlich und ertragbar.

Eine Kommunikation hat bisher nur unter zur Hilfenahme des Jugendamtes stattgefunden.

Falsch, dort gab es keine Kommunikation, sondern nur die vergeblichen Aufforderungen, sich doch bitte zu einigen. Im direkten Kontakt (Mail, SMS, Telefon, Begegnung) gab es viele einvernehmliche Abreden über Abweichungen vom festen Wechselmodell mit Rücksicht auf die beiderseitigen Arbeits- und Urlaubssituationen.

Es wird dringend empfohlen, Hilfe zur Erziehung in Anspruch zu nehmen.

Das kann sich ja nur auf die Mutter beziehen, da Moritz sich beim Vater hervorragend entwickelt und sich dort auch immer die Stressentzündungen zurückbilden, die sich auf seiner rechten Wange während der Aufenthalte bei der Mutter bilden (Aussage des Hautarztes).

Da ist es um so unerklärlicher, Moritz dem Elternteil zuzusprechen, der Erziehungshilfe in Anspruch nehmen muss. So wird Moritz zum Erziehungsübungsobjekt für die Mutter, sein Schaden wird billigend in Kauf genommen.

Die Mutter hat es verstanden, ein glaubhaftes Betreuungskonzept vorzulegen mit Halbtagsarbeit, Kindergarten und Unterstützung durch ihren neuen Lebenspartner.

Der Vater bleibt vage, das Betreuungskonzept scheint unausgegoren, setzt auf flexible Arbeitseinteilung und Unterstützung durch den Opa.

Diese Wertung „glaubhaft" bei der Mutter, „vage, unausgegoren" beim Vater ist eine Unverschämtheit.

Die Bindung zum „Lebenspartner" ist keinesfalls sicher, noch wohnen sie auch nicht zusammen, ziehen dann möglicherweise um. Die Mutter hat noch keine Halbtagsstelle, kann diese also nicht garantieren. Die Ausfallsicherheit bei Krankheit und anderem ist nicht gegeben, da der Lebenspartner sehr fest in seiner Schichtarbeit eingebunden ist.

Die Großeltern beim Vater sind fester, bleibender Bestandteil der Familie, wichtige und geliebte Bezugspersonen, es ist ebenfalls ein Kindergartenplatz vorhanden und der Vater hat als Selbstständiger eine größere Einkommenssicherheit und ist wirklich flexibel in der Arbeitszeitgestaltung.

Die Erziehungsstile der Eltern sind differierend. Es sind keine Anhaltspunkte dafür ersichtlich, dass Moritz Ge-

walt und Schläge in der Erziehung der Mutter erfahren hat.
Vielmehr wird deutlich, dass Moritz Argumenten und Erklärungen zugänglich ist.
Großeltern und andere Verwandte können bezeugen dass im gesamte zweiten Lebensjahr Moritz täglich mehrfach von der Mutter geschlagen wurde (keine medizinisch nachweisbaren grün-und-blau-Prügel), sondern „Klapse" auf die Finger, den Po und an den Hinterkopf. Dies erfolgte bei deren Anwesenheit auch durch die Eltern der Mutter. Entsprechende Hinweise des Großvaters führten zwar zu einer gewissen Zurückhaltung, aber nicht zur totalen Einstellung. Es ist anzunehmen, dass unbeobachtet noch häufiger und stärker zugeschlagen wurde.
Die Zugänglichkeit für Argumente und Erklärungen spiegelt 1:1 den Erziehungsstil von Vater und Großvater. Für Erklärungen war die Mutter immer zu faul und zu ungebildet.
Ein Wechselmodell auf Dauer scheidet bei der hoch Konflikt behafteten Situation bei den Eltern aus.
Der Konflikt besteht doch darin, dass die Mutter vom Tag der Trennung an das alleinige Aufenthaltsbestimmungsrecht für sich beansprucht und davon in allen Gesprächen beim Jugendamt und bei allen ihren Aussagen und gerichtlichen Anträgen keinen Deut abweicht, nicht zu Kompromissen bereit ist.
Das ist allein deshalb unverschämt und nicht nachvollziehbar, als Moritz vor der Trennung überwiegend vom Vater versorgt und betreut wurde.
Wenn also deshalb das Wechselmodell aufgegeben werden muss, dann doch wohl zur Rückkehr in den vorherigen Zustand, also Aufenthalt allein beim Vater, der der Mutter trotzdem das Wechselmodell als Kompromiss anbieten würde.

Unter Beachtung aller oben geschilderten Umstände und in Anbetracht der Tatsache, dass sich zudem bei der Mutter eine familiäre Situation zu verfestigen scheint und Moritz dort einen verlässlichen, auch vom Vater akzeptierten Partner vorfindet, wird zu einem Aufenthalt bei der Mutter tendiert.

Eine Beachtung der geschilderten Umstände macht keinen Sinn, weil alle Umstände nicht so sind wie geschildert.

Ein neuer Lebenspartner (mit dem die Mutter noch nicht zusammen lebt) wird als verfestigte familiäre Situation beschrieben. Bei einer neuen Partnerin des Vaters hätte der Verfahrensbeistand sicher umgekehrt argumentiert, dem Vater sei offensichtlich eine neue Partnerin wichtiger als das Kind, er habe also eine schwache Bindung an das Kind.

Den Vater berührt der neue Partner hinsichtlich der Beziehung zu seiner Frau nicht, aber das heißt noch lange nicht, dass er ihn als Ersatz-Papa von Moritz akzeptiert.

Für ihn ist der ebenso wie die Mutter zu bildungsfern, zu einkommensschwach, zu gewaltbereit, zu Drogen nah. Der Vater sieht seinen Sohn bei diesem Paar gefährdet und unzureichend gefördert.

Vierunddreißigste Woche Wechselmodell
Am Sonntag holen Vater und Großvater um 11 Uhr Moritz bei Mutter ab. Die Mutter drängt den fröhlich „Papa, Papa" rufenden Moritz in die Wohnung zurück und schließt die Tür. Begleitet von Karl spricht sie den Vater darauf an, dass ja nun Moritz 5 Wochen in den Kindergarten bei ihr geht und er gern zum Eingruppierungsfest kommen könne. Damit habe sie ihm das gesagt.

Dann fordert sie, dass sich der Vater an den anfallenden Kosten beteiligt. Der Vater stellt richtig, dass sie bisher

das Kindergeld allein behält und sich nicht an Moritz Versicherungen beteiligt, er also rückwirkend entsprechende Forderungen seinerseits gegen rechnen kann und außerdem die Entscheidung noch nicht rechtskräftig ist.
Sie winkt die Äußerungen des Vaters ab und meint schnippisch „jetzt kenne ich ja Deine Einstellung". Der Großvater sagt deutlich, dass offenbar die Aussage des Vaters bei ihr nicht angekommen ist, nicht verstanden wurde. Karl schweigt dazu.
Der Großvater ergänzt, dass die Auskunft der Mutter unvollständig ist, denn sie müsse noch Ort und Zeit nennen. Sie fragt gegen, wo denn nun Moritz Geburtstag gefeiert wird. Beides soll kurzfristig vorher, sobald bekannt, ausgetauscht werden.
Dann lässt Karl Moritz aus der Wohnung. Moritz fällt dem Vater jubelnd um den Hals, drückt ihn ganz arg mit „Papa, Papa, Papa", will gar nicht loslassen. Seine Haare sind wieder kurz geschnitten wie jedes Mal. Er schnappt seinen Koffer und will los. Die Mutter ruft ihn zum Verabschieden zurück, Mutter und Karl nehmen ihn beide hoch und knutschen ihn übertrieben zärtlich ab, während Moritz es zwar über sich ergehen lässt, aber sich dabei leicht wegstemmt, also die beiden nicht umarmt.
Sie verbringen den Nachmittag zusammen bei den Großeltern, spielen mit Moritz im Garten und im Keller, Moritz umarmt den Großvater festgeklammert sehr innig mit „Opa ist ganz lieb".

Bisher erschienen
Band 5 – Vertauschte Rollen
Band 1 - Trennung und Kindesentzug
Band 2 – Im Wechselmodell

Bände 1-6 sind auch in einem Buch gesammelt erschienen:
„Neiiiin nicht zu Mama
– Kinder haben keine Rechte und Väter keine Chance".

In Vorbereitung
Band 3 – Keine Chance für den Vater
Band 4 – Das Wohl des Kindes
Band 6 – Beliebigkeit der Auslegung
Band 7 – Das Gutachten, eine Farce
Band 8 – Moritz leidet weiter
Band 9 – Es wird nicht besser für Mia
Band 10 – Das OLG lässt sich Zeit
Band 11 – Überraschende Wendung

Der Autor ist Naturwissenschaftler, in Hamburg geboren und aufgewachsen, und lebt in Süddeutschland.
Er hat mehrere Kinder und Enkelkinder und hat den Sorgerechtsstreit in der Familie eines guten Bekannten zum Anlass für diese Buchreihe genommen.

   Links und Kontakt zum Autor:
       www.neiiiin.de
       www.greatgreen.de

   eMail: martin.orack@greatgreen.de
   facebook: martin.orack